JN094124

GIGAスクールの
校内研修

書き込み式テキストで全職員がICT活用に自信がつく! 協働体制が実現

堂前直人 編

学芸みらい社
GAKUGEI MIRAISHA

まえがき

各学校に、１人１台端末が導入されました。
子供たちは「１人で使えるの？　やったあ！」とワクワク感でいっぱいのようです。
その一方で、学校の先生方は不安が増しているのではないでしょうか。

> 授業で、どう使えばいいのだろう……。
> ルールは、どうしたらよいのだろう……。
> トラブルの原因になるのではないか……。
> そもそも私自身が、パソコン苦手なのだけれど……。

私の身近な先生たちからも、全国の先生方と交流をする中でも、同じような声が寄せられます。
しかし、同時に、このような先生たちもいます。

> すぐに使ってみました！
> あんなことやこんなこともできました！
> 今までうまくできなかったことも、タブレットならできそうです！

学校の先生といっても、国語が得意な先生もいれば、体育が得意な先生もいます。図工は苦手だけれど、算数は自信あり、という先生もいます。
もちろん、プロフェッショナルな先生方ですから、どれも一定以上の実力があることは間違いありません。
それでも、得意不得意はあるものです。

> だからこそ、それぞれの得意を生かしながら、学校では、よりよい授業づくりや自己研鑽に励んでいくことになります。

「校内研修」というのは、まさにその最たる場ではないでしょうか。

本書で取り上げている「ICT」は、とりわけ得意不得意が分かれやすい分野のように感じます。
しかし、GIGA School構想が始まっている以上、「苦手だからまた今度」とはいきません。
学校の先生方全てが、このことに取り組んでいかなければならないのです。

そうはいっても、まだ新しくてよくわからないのに、どうやって校内で学んでいくの？　という疑問もあるでしょう。
そこで本書では、全国の中でも先駆けて、そして楽しみながら実践に取り組んでいる先生方に、それぞれの取り組みやポイントを紹介してもらいました。
ICTに堪能な先生の、こんなこともできるの？　という驚きの実践もあります。
ICTはちょっと…という先生の、まずはこんなことをやってみました！　というすぐに真似したくなるような実践もあります。
これならできそう！　やってみたい！　と思えることがきっと見つかるはずです。
ぜひ、そこから、一歩取り組みを進めてみてください。

また、ただ読んで学ぶだけでなく、どんなことができそうか、一緒に考えながら読み進めていただけるようになっています。
一人でお読みいただくのはもちろん、ぜひ、校内の先生方と一緒に読んでみていただけたらと思います。
先生方の学校の中に、「あれもできそう！」「これやってみたら？」「一緒にやってみよう！」、そんな声があふれたら、どんなに素敵でしょう。
先生方のアイデアが、先生方の踏み出した一歩が、目の前の子供たち、そしてこれから出会う子供たち、教育界への大きな財産になることを確信しております。
本書がその一助となることを願っています。

TOSS/Lumiere
堂前直人

目次

第１章
新しい教育の波　早わかりキーワード

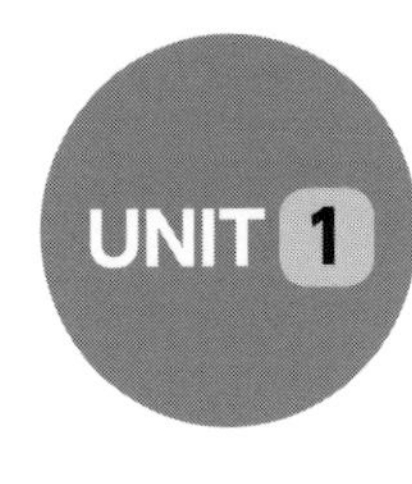

1. 教育界の時事的課題のキモ

2. 危機管理 ―子供たちを守る情報モラルを育てる

第2章
1人1台端末を活用した授業研修

第３章
情報活用能力を育成する校内研修の実例

UNIT 3

第４章
研修に必要な“とっておき情報”

本書の使い方

活用のポイント３
① 仲間と一緒に、取り組んでみましょう。
② 意見を交流しながら、取り組んでみましょう。
③ 実際にタブレットを操作しながら、取り組んでみましょう。

1

この本は、「校内研修」の際のテキストとして活用してもらえるように、つくられています。

若手の先生方の自主的な研修で。校外の研究会の仲間と。全校での研究に向けた基礎研修に。活用の幅は先生方の活躍のフィールドに合わせることができます。

ぜひ、それぞれの場の仲間と一緒に、取り組んでみてください。

2

1つの内容（1 UNIT）が、およそ15分で終えられるようになっています。

一度にまとめて使うこともできますし、短い時間の研修を定期的に重ねていくこともできます。

1冊全ての内容を必ずやる必要はありません。

必要な箇所を、必要なときに使っていただけます。

3

仲間と研修を行う際には、テキストに書き込んだことや学んだことの感想など、意見を交流しながら行うことをおすすめします。

学校の子供たちは、「対話的な学び」によって、自分の考えを広げたり、深めたりしながら学習を行っています。それが今、大切な力として考えられています。

ぜひ、先生方にも、「対話的な学び」をしていただき、研修内容、そしてそこからの学びを広げ、深めていただきたいです。

特に、新しい時代の教育が始まろうとしている時期です。

一人で十を学ぶことも大切です。同時に十人で一を学ぶことは、学校全体が新しい教育方法にシフトチェンジしていくために、とても大切なことです。

4

教員用や児童用のタブレットを手元に置いて、取り組んでみてください。

QRコードやURLなどがついているページがあります。バーコードリーダーを使って読み取ることで、追加の情報を得たり、体験したりできます。

アプリや機能が紹介されているページもあります。

文章を読んでも、どうしてもわかりにくい部分は出てきてしまいます。

実際に操作してもらうことで、文章では伝わらなかった部分を理解することができます。

授業でどう使おうか、というアイデアが浮かんでくるかもしれません。

思いついたアイデアは、ぜひ、その場で交流して「共有財産化」してください。

ICT化が加速している今、何が正しいかにとらわれず、「何ができそうか」「何をしてみたいか」を大切にしてみてください。

5

最後に、本書を使った研修の一例を紹介します。

研修会、研究会開催の参考になれば、幸いです。

★準備するもの

①使用するUNITのコピー（人数分）
②筆記具
③タブレットPC（１人１台端末）
④該当教科の教科書

★研修会15分の流れ

（１）趣意を説明する
（２）テキストに沿って進めていく（必要に応じて、意見交流）
（３）疑問や感想を交流する

（１）趣意を説明する

今、子供たち一人一人に配布されているタブレットを、授業の中でどのように活用するかが、現場では大きな課題になっています。

様々先進的な取り組みがありますが、どれがいいのか、どれをすべきなのかを一律に決めることはできません。

本校の子供たちの実態に合ったことを、先生たちのやってみたいことと擦り合わせながら、やっていく必要があります。

そのアイデアを引き出すために、ミニ研修を何度かに分けて実施していこうと思い、計画をいたしました。

こんなことができる、こんなふうに使える、ということを知っていただき、その上で、先生方の指導法と組み合わせることで、本校の１人１台端末の取り組みを進めていきたいと考えています。

ぜひ、たくさんのご意見、アイデアを声に出していただければと思います。

（２）テキストに沿って進めていく

本日は、国語について扱っていきます。

まず、私が資料を読み進めていきます。途中、先生方にご意見をいただく場面もあります（テキストを読み進めていく。Q（穴あき問題のときも）で止めて、考えてもらう）。

では、この問いについて、考えを□に書いてみてください（１～２分、時間をとる）。

近くの先生方と、書いたものを交流してみてください（１～２分、時間をとる）。

○○先生、ご意見お聞かせください（数人に意見を聞く）。

読み進めていきます（同じように最後まで進める）。

国語科の中では、このような活用方法が一例として書かれています。もちろん、他の方法も多数あるかと思います。

（３）疑問や感想を交流する

最後に、「こんなこともできそうだ」「こんなことをやってみたい」「こういうのできないかな」という感想や疑問を、お近くで話してみてください（何人かに感想を聞いて、研修を閉じる）。

（愛知県名古屋市公立小学校　堂前直人）

第1章

新しい教育の波
早わかりキーワード

これだけは知っておきたい
「GIGAスクール構想」10分で早わかり

1　GIGAスクール構想の「GIGA」とは、「**Global and Innovation Gateway for All**」の略で、「全ての人にグローバルで革新的な入り口を」という意味があります。

2　**Society5.0**時代に向けて、社会構造や雇用環境の変革から、求められる能力も変わってきます。また、子供たちも**多様化**してきています。そんな中で、「誰一人取り残すことのない、公正に個別最適化された学び」の実現が求められています。ここにGIGAスクール構想の背景があります。

3　文科省は、リーフレット『GIGAスクール構想の実現へ』において、GIGAスクール構想を以下のようにまとめています（番号は筆者）。

① **1人1台端末**と、**高速大容量**の通信ネットワークを一体的に整備することで、特別な支援を必要とする子供を含め、多様な子供たちを誰一人取り残すことなく、公正に個別最適化され、資質・能力が一層確実に育成できる教育ICT環境を実現する

② これまでの我が国の教育実践と最先端のICTの**ベストミックス**を図ることにより、教師・児童生徒の力を最大限に引き出す

4　GIGAスクール構想を進めていくために、今後、以下の３点について取り組んでいく必要があります。

① **先端技術**の利活用：配備された1人1台端末をどのように使っていくかが課題となります。AIを活用したドリルやデジタル教科書・教材の充実、遠隔・オンライン教育等を効果的に利用する方法を検討していく必要があります。

② **教育ビッグデータ**：学習履歴（スタディ・ログ）等の教育ビッグデータを収集して活用した指導・支援を行います。その際に、データを効果的に分析するために、教育データを標準化する必要があります。

③ **学校ICT環境**：上記２つを実現するためのICT環境の整備が必要です。その際には、クラウド活用の積極的な推進が必要となります。

5　文科省は1人1台端末を「すぐにでも」「どの教科でも」「誰でも」活用できるように優良事例や対応事例を「**StuDX Style**」というHPに公開しています。

（愛知県公立小学校　川合賢典）

年　　月　　日

UNIT 1　1．教育界の時事的課題のキモ

①GIGAスクール構想って何だ

KEYWORD

Society5.0　子供たちの多様化　1人1台端末　高速大容量　ベストミックス　先端技術　教育ビッグデータ　学校ICT環境　StuDX Style

（1）GIGAスクール構想のGIGAとは

G［　　　］ and I［　　　］ G［　　　］ for A［　　　］の略です。「全ての人にグローバルで革新的な入り口を」という意味があります。

（2）GIGAスクール構想の背景

［　　　］時代　　子供たちの［　　　］

↓

多様な子供たちを誰一人取り残すことのない、公正に個別最適化された学びの実現

（3）GIGAスクール構想のねらい

①［　　　］と、［　　　］の通信ネットワークを一体的に整備することで、特別な支援を必要とする子供を含め、多様な子供たちを誰一人取り残すことなく、公正に個別最適化され、資質・能力が一層確実に育成できる教育ICT環境を実現する

②　これまでの我が国の教育実践と最先端のICTの［　　　］を図ることにより、教師・児童生徒の力を最大限に引き出す

（4）GIGAスクール構想で取り組むこと

①［　　　］の利活用

②［　　　］の利活用

③［　　　］の整備

（5）文科省による優良事例・対応事例の紹介サイト［　　　］

これだけは知っておきたい
「1人1台端末」10分で早わかり

GIGAスクール構想により、1人1台端末が子供たちに配布されました。せっかく入ってきた1人1台端末なので、子供たちに有効に活用して、学力をグンと伸ばしてあげたいところです。

「教育の情報化に関する手引」について（文部科学省）

そこで、参考にしたいのが、文科省が出している**「教育の情報化に関する手引」**です。これはかなり全体がわかりやすくまとめられており、ICTを進めていく上では必読と思われます。これによると以下のような学習活動が例として挙げられています。

（1）**一斉学習（教師による教材の提示）**

例えば、教師が教材を提示する際に、画像、音声、動画などを拡大したり書き込みながら提示したりすることにより、学習課題等を効果的に提示・説明すること。

（2）**個別学習**

①**個に応じた学習**　例えば、個々の特性に応じてカスタマイズできる学習者用デジタル教科書や、習熟の程度や誤答傾向に応じた学習者向けのドリルソフト等を用いることにより、各自のペースで理解しながら学習を進めて知識・技能を習得すること。

②**調査活動**　例えば、インターネットやデジタル教材を用いた情報収集、観察における写真や動画等による記録など、学習課題に関する調査を行うこと。

③**思考を深める学習**　例えば、シミュレーションなどのデジタル教材を用いた学習課題の試行により、考えを深める学習を行うこと。

④**表現・制作**　例えば、写真、音声、動画等のマルチメディアを用いて多様な表現を取り入れた資料・作品を制作すること。

⑤**家庭学習**　例えば、学習者用コンピュータを家庭に持ち帰り，動画やデジタル教科書・教材などを用いて授業の予習・復習を行うこと。

（3）**協働学習**

①**発表や話合い**　書き込み機能を持つ大型提示装置を用いて発表・話合いを行うこと。

②**協働での意見整理**　グループ内で複数の意見・考えを共有し、意見整理を行うこと。

③**協働制作**　写真・動画等を用いた資料・作品を、協働で作業しながら制作すること。

④**学校の壁を越えた学習**　遠隔地や海外の学校、学校外の専門家等との意見交換や情報発信。

（東京都公立小学校　三浦宏和）

年　　　月　　　日

UNIT 1　1．教育界の時事的課題のキモ

②1人1台端末を考えよう

KEYWORD

一斉学習　個別学習　協働学習　インターネット　デジタル教材
写真，音声，動画等のマルチメディア　シミュレーション　遠隔地

（1）1人1台端末により、どのような学習活動ができるようになると思いますか。

1人1台端末によってできる学習活動は様々ありますが、大きな枠組みとしては、一斉学習、個別学習、協働学習があります。

（2）個別学習としては、次のような場面が考えられます。それぞれ、どのような活動があるか、グループで話し合ってみましょう。

①個に応じた学習
②調査活動
③思考を深める学習
④表現・制作
⑤家庭学習

（3）協働学習としては、インターネット上のコンテンツなども含めて、どのような活動ができますか。

これだけは知っておきたい
「個別最適な学び」10分で早わかり

令和３年答申では、教師が支援の必要な子供に対し、より重点的な指導を行うなど効果的な指導を実現することや、子供一人一人の特性や学習進度、学習到達度等に応じ、指導方法・教材や学習時間等の柔軟な提供・設定を行うことなどの「指導の個別化」が必要であることが述べられています。

ICTを活用し、児童生徒の学習履歴（スタディ・ログ）、生活・健康面の記録（ライフ・ログ）等、様々なデータを把握・分析することが、「指導の個別化」には有効です。

また、個々の児童生徒の興味・関心等に応じた異なる目標に向けて、学習を深め、広げ、その中で児童生徒自身が自らどのような方向性で学習を進めていったらよいかを考えていくことなど、「学習の個性化」の必要性が述べられています。

その際に、ICTを効果的に使うことで、学びの質が高まり、深い学びにつながっていくことが期待されています。

「指導の個別化」と「学習の個性化」を学習者視点から整理した概念が「個別最適な学び」です。教師視点から整理した概念は「個に応じた指導」です。ICTを用いながら、「指導の個別化」と「学習の個性化」を実現していくことが求められています。

また、「個別最適な学び」では、次のような子供も誰一人取り残されることなく、基礎学力の定着、社会性・文化的価値観の醸成をしていくことが必要であると述べています。

- 不登校等の理由によって、他の子供とともに学習することが困難な子
- 自閉症スペクトラム（ASD）、学習障害（LD）、注意欠陥多動性障害（ADHD）等、発達障害の可能性のある子
- 特定分野に特異な才能を持つ子
- 外国籍等、日本語指導が必要な子

実際の授業では「個別最適な学び」の成果を「協働的な学び」に生かし、さらにその成果を「個別最適な学び」に還元するなど、「個別最適な学び」と「協働的な学び」を一体的に充実していくことが大切です。

（神奈川県公立小学校　田丸義明）

年　　月　　日

UNIT 1　1．教育界の時事的課題のキモ

③個別最適な学びって何だ

KEYWORD

個別最適な学び
指導の個別化
学習の個性化

GIGAスクール構想には、「誰一人取り残すことなく、子供たち一人一人に個別最適化され創造性を育む教育」を実現させることが求められています。

（１）「令和の日本型学校教育」の姿として、具体的な２つの学びが挙げられています。「協働的な学び」と、もう１つは何ですか。

（２）「個別最適な学び」は、次の２つに整理されています。その２つは、何ですか。

①　　　　の個別化

②　　　　の個性化

（３）「個別最適な学び」にある【誰一人取り残さない、公正に個別最適化された学びの実現】では、「どのような子供も取り残されず」とあるでしょうか。

（例）不登校の子供

これだけは知っておきたい
「協働的な学び」10分で早わかり

令和３年１月26日に、中央教育審議会答申として「令和の日本型学校教育の構築を目指して」が出されました。この答申は、概要及び本文に必ず目を通しておくことが大切です。この答申のキーワードとして、「個別最適な学び」と並んで挙げられるのが「**協働的な学び**」です。

【概要】

【本文】

「令和の日本型学校教育」の構築を目指して

協働的な学びについては、答申の中で次のように書かれています。

> 「個別最適な学び」が「孤立した学び」に陥らないよう、**探究的な学習**や**体験活動**等を通じ、**子供同士で、あるいは多様な他者と協働**しながら、他者を価値ある存在として尊重し、様々な社会的な変化を乗り越え、持続可能な社会の創り手となることができるよう、必要な資質・能力を育成する「協働的な学び」を充実することも重要である。

協働的な学びは、従来日本が行ってきた「日本型学校教育」そのものです。

「日本型学校教育」は、児童生徒を総合的に把握して教育を行い、知・徳・体を一体で育むという意味で、諸外国から非常に高い評価を得ています。

１人１台端末が配布されたことにより実現可能となった「個別最適な学び」に、日本が従来行ってきた「協働的な学び」を融合させ、主体的・対話的で深い学びを実現していく。それが、「令和の日本型学校教育」なのです。

では、具体的にどのように「協働的な学び」を実現していくのでしょうか。

具体的には、次のような人や集団と協働すればよいと示されています。

> ①（同じクラスの）**子供同士**　**②教師と子供**　**③同一学年の他のクラス**
> **④異学年集団**　**⑤地域住民の方**
> **⑥ICTの活用による空間的・時間的制約を超えた他の学校の子供**

教室ならば討論の授業、異学年集団なら児童会活動、ZoomやGoogle Meet等を活用し、オンラインで教室同士をつないでの学習などが協働的な学びの具体事例となります。

（兵庫県公立小学校　堀田和秀）

UNIT 1　1．教育界の時事的課題のキモ

④協働的な学びって何だ

KEYWORD

協働的な学び
探究的な学習
体験活動

（1）「令和の日本型学校教育」の姿として、具体的な２つの学びが挙げられています。

「個別最適な学び」と、もう１つは何ですか。

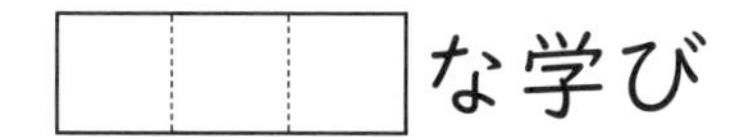

（2）「協働的な学び」は、２つの学習活動を通して行うことが求められています。その２つの学習活動は、何ですか。

①［　　　］な学習

（3）「協働的な学び」では、個別最適な学びが孤立した学習にならないよう、「多様な他者と協働」することが求められています。例えば、どのような人や集団と協働すればよいと思いますか。思いつくだけ□の中に書いてみましょう。

（例）子供と子供

これだけは知っておきたい
「情報活用能力」10分で早わかり

学習指導要領「総則」の解説には、以下の学習活動が書かれています。

【小学校】

○基本的な操作として

・キーボードなどによる文字の入力　・電子ファイルの保存・整理
・インターネットの閲覧　・電子メールの送信　などの学習活動

○情報手段を適切に活用できるようにするための学習活動として

・文章の編集　・図表の作成
・様々な方法での情報の収集・調査・比較　・情報手段を使った交流
・調べたもののまとめ・発表　などの学習活動

○情報モラルを身に付けるための学習活動として

・情報発信による他人や社会への影響、ネットワーク上のルールやマナーを守ることの意味、情報には自他の権利があること、情報には誤ったものや危険なものがあること、健康を害するような行動などについて考えさせる学習活動

【中学校】

○情報手段を適切かつ主体的、積極的に活用できるようにするための学習活動として

・自ら効果的な情報手段を選んで必要な情報を収集する
・収集した情報を比較し必要とする情報や信頼できる情報を選び取る
・情報手段を用いて処理の仕方を工夫する
・自分の考えなどが受け手に伝わりやすいように表現を工夫して発表したり情報を発信したりする　学習活動など

○　情報モラルを身に付けるための学習活動として

・ネットワークを利用する上での責任、基本的なルールや法律を理解し違法な行為のもたらす問題、知的財産権などの情報に関する権利を尊重することの大切さ、トラブルに遭遇したときの主体的な解決方法、基礎的な情報セキュリティ対策、健康を害するような行動などについて考えさせる学習活動

（神奈川県公立小学校　田丸義明）

年　　月　　日

UNIT 1　1．教育界の時事的課題のキモ

⑤情報活用能力育成のポイント

KEYWORD

情報活用の実践力
情報の科学的な理解
情報社会に参画する態度

（1）情報教育の目標には３つの観点があります。それらは何ですか。

① 課題や目的に応じて情報手段を適切に活用すること、必要な情報を主体的に収集・判断・表現・処理・創造し、受け手の状況などを踏まえて発信・伝達できる能力

② 情報活用の基礎となる情報手段の特性の理解、情報を適切に扱ったり，自らの情報活用を評価・改善するための基礎的な理論や方法の理解

情報の［　　　］な理解

③ 社会生活の中で情報や情報技術が果たしている役割や及ぼしている影響を理解し、情報モラルの必要性や情報に対する責任について考え、望ましい情報社会の創造に参画しようとする態度

情報社会に参画する［　　］

これだけは知っておきたい
「プログラミング教育」10分で早わかり

○プログラミング教育は小・中・高等学校を通じて実施されます。それぞれのポイントは、以下のとおりです。

小学校：**文字入力**など基本的な操作を習得し、各教科等の特質に応じて**プログラミング的思考**を育成すること

中学校：技術・家庭科（技術分野）において、プログラミングや**情報セキュリティに**関する内容を充実させること

高等学校：共通必修科目「**情報Ⅰ**」を新設。選択科目「情報Ⅱ」を開設。

○小学校プログラミング教育の最大のポイントは、「プログラミング的思考」を育むことです。文科省は、プログラミング的思考を次のように定義しています。

「自分が意図する一連の活動を実現するために、どのような**動きの組合せ**が必要であり、一つ一つの動きに対応した**記号**を、どのように組み合わせたらいいのか、記号の組合せをどのように**改善**していけば、より意図した活動に近づくのか、といったことを**論理的**に考えていく力」

各教科等で実施する場合、教科等での学びをより確実なものとすることが必要となります。プログラミング言語を覚えたり、プログラミングの技能を習得したりすること自体をねらいとしているのではないことに留意しなければなりません。

○３種類のプログラミング

①**アンプラグド**・プログラミング

パソコン等を使わずにプログラミングの考え方を学びます。導入期に向いています。

②**ビジュアル**・プログラミング

「ビジュアルプログラミング言語」を使ってプログラミングを体験します。「順次」「反復」「分岐」といったプログラミングで大切な概念を学びやすいのが特徴です。

③**フィジカル**・プログラミング

身近にあるロボットやブロックなどをプログラミングで実際に動かします。

○文科省・総務省・経済産業省が連携して立ち上げたポータルサイト「**未来の学びコンソーシアム**」には、たくさんの有益な指導事例が公開されています。

（愛知県公立小学校　川合賢典）

年　　月　　日

UNIT 1　1．教育界の時事的課題のキモ
⑥プログラミング教育へのトライ

KEYWORD

文字入力　プログラミング的思考　情報セキュリティ　情報Ⅰ
アンプラグド　ビジュアル　フィジカル　未来の学びコンソーシアム

（1）　小・中・高等学校におけるプログラミング教育のポイント

小学校：［　　　　］など基本的な操作を習得し、各教科等の特質に応じて［　　　　］を育成すること

中学校：技術・家庭科（技術分野）において、プログラミングや［　　　　］に関する内容を充実させること

高等学校：共通必修科目「［　　　　］」を新設。選択科目「情報Ⅱ」を開設。

（2）　プログラミング的思考とは

自分が意図する一連の活動を実現するために、どのような［　　　　］が必要であり、一つ一つの動きに対応した［　　　　］を、どのように組み合わせたらいいのか、記号の組合せをどのように［　　　　］していけば、より意図した活動に近づくのか、といったことを［　　　　］に考えていく力

（3）　3種類のプログラミング

［　　　　］・プログラミング
［　　　　］・プログラミング
［　　　　］・プログラミング

（4）　プログラミング教育について学ぶなら、まずここへ。

小学校を中心としたプログラミング教育ポータルサイト

［　　　　］

これだけは知っておきたい
「ネットいじめの予防」10分で早わかり

文部科学省の令和元年度の調査によると、「パソコンや携帯電話等で、ひぼう・中傷や嫌なことをされる」の回答数は、「17,924件」でした。

ネットいじめは次の３つに分類されます。

①（ネット上で）直接的または間接的に悪口を言われる。

②グループから外される。SNSやゲームを通して行われます。

③写真を拡散される、個人情報をさらされる、ネット上でお金を取られる。

最初は軽い気持ちで①が行われます。ひとたびグループの外に発信されれば、影響は不特定多数に及び、ネット上に発信されたものは永遠に残ります。このようなことから、被害者が命を落としてしまう事態も生じています。

そうならないためにも、次の３つが重要です。

①早期発見

「ネットいじめ」は通常のいじめよりも発見がしにくいものです。エスカレートする前に、子供たちの会話の様子やいじめアンケートなどから、実態を把握する必要があります。

②「ネットいじめ」に遭ったときの対処法を教える

まずは、家族や担任などの身近な大人に相談をすることを伝えましょう。

しかし「家族に心配をかけたくない」「担任には言いにくい」などの理由で相談できず、１人で抱えこんでしまう子が少なくないため、これだけの社会問題になっているのが現状です。

自分の名前を出さず、無料で、相談できる窓口があることを伝えましょう（右記QRコード　法務省 子どもの人権SOSメール）。

③いじめる側を出さない

いじめが起きた後ではなく、折に触れて次のことは伝えておきたいです。

ア　ネット上でこそモラルが必要

イ　「ネットいじめ」は、ネット上に証拠が残る

ウ　たとえ名前を隠しても、発信元が特定され、誰が行ったかがわかる

（長野県公立小学校　高見澤信介）

年	月	日

UNIT 1　2．危機管理－子供たちを守る情報モラルを育てる

①ネットいじめの予防－学校でやれること

KEYWORD

いじめの定義　　早期発見　　相談窓口

『いじめ防止対策推進法』の第２条で、「いじめ」は次のように定義をされています。

「いじめ」とは、「児童生徒に対して、当該児童生徒が在籍する学校に在籍している等当該児童生徒と一定の人的関係のある他の児童生徒が行う心理的又は物理的な影響を与える行為（インターネットを通じて行われるものも含む。）であって、当該行為の対象となった児童生徒が心身の苦痛を感じているもの」とする。なお、起こった場所は学校の内外を問わない。

したがって、「児童生徒が心身の苦痛を感じ」たら、ネットを通じて行われるものも「いじめ」だという認識が必要です。

(1)「ネットいじめ」は日本全国の小学校・中学校・高等学校・特別支援学校で、年間どれくらい起きているでしょうか。

ア　100件　　イ　1000件　　ウ　10000件　　エ　それ以上

(2) ネットいじめとは、どのようないじめでしょうか 。

(3) ネットいじめを予防するために、教師ができることは何でしょうか。

これだけは知っておきたい
「SNSとの上手な付き合い方」10分で早わかり

文科省の手引では、情報モラル教育には５つの課題があると書かれています。①ネット依存、②ネット被害、③SNSトラブル、④情報セキュリティ、⑤適切なコミュニケーション。それらの課題に対応した教材を紹介します。

1）Youtube：「文科省　情報モラル」で検索をします。すると「SNSとの付き合い方」や「ネット依存」「個人情報の流出」など、18種類の動画がアップロードされています。

2）NHK for School：「スマホリアルストーリー」には、「課金問題」「SNSトラブル」など、５種類の動画がアップロードされています。

3）ネット社会の歩き方：「動画教材」「イラスト教材」「シミュレーション教材」「冊子教材」の４つがあります。「動画教材」では「コミュニケーションのすれ違い」「写真投稿」など、小中高校を対象にして88種類の動画がワークシートとともにあります。また「冊子教材」には、保護者向けの資料あります。

4）事例で学ぶNetモラル：児童生徒向けの動画教材だけではなく、情報モラル教育の指導をどのように行うとよいかなど、教員向けの情報があります。

これらの動画教材を使った授業展開の一例を紹介します。

1　仮の出来事による問題提起：動画教材を見せることで、実際に起こり得る場面を想起させます。

2　原因・代案・感想などを問う：問題が起きてしまった原因は何か、どうしたらよかったのか、動画についての感想などを引き出します。

3　自分だったらと考えさせる：自分にも同じような経験をしたことがあるか、このような事例を聞いたことがあるか、自分だったらどうするかなど、自分ごととして考えさせます。

4　まとめ：動画資料の解説編を紹介するなど、本授業の大切なことをまとめます。

（神奈川県公立小学校　田丸義明）

年　　月　　日

UNIT 1　2．危機管理ー子供たちを守る情報モラルの育成

②SNSとの上手な付き合い方を考えよう

KEYWORD

情報モラル
SNS

（1）SNS（ソーシャルネットーワークサービス）には、どのようなものがありますか。

（2）SNSのトラブルには、どのようなものがありますか。

（3）SNSの使い方等、情報モラルに関する授業を1年間に何回くらいされていますか。

A　5回以上

B　1～4回

C　0回

（4）SNSの使い方を指導する授業には、どのようなものが考えられますか。

これだけは知っておきたい
「個人情報の適切な管理」10分で早わかり

鉛筆やノートといった文房具は名前を書いて、他人のものと区別します。

ICT機器において、その役割を担うのはアカウントです。

様々な個人情報をアカウントで管理します。

例えば、「自分のドリルの成績」「学習の成果物」「個人的なメモ」などです。

パスワードの重要性を、次のように例えることができます。

家に例えると、「アカウントは**住所**や表札、パスワードは**鍵**のようなもの」です。

ログインとは鍵を開けて家に入ることです。

アカウントを他の人に知らせたり、他人のアカウントを吹聴したりすることは、住所を言いふらすようなものなのです。

あまり好ましいとは言えません。

ただし、アカウントを他の人が知ることは大きな問題ではありません。

問題なのは、家の鍵を渡してしまうことです。

鍵を渡してしまったら、自由に入ってものを盗むことができるようになるからです。

これはもはや犯罪です。

ICT機器においても同じです。

パスワードは厳重に管理して絶対に他の人には教えないこと、自分のアカウントに他の人がログインできる状態にしておかないことが重要です。

一度鍵を渡してしまったら、作り直すのはとても難しいのです。

このような話を交えながら、子供たちにアカウント・パスワードの重要性を確実に指導しておく必要があります。

参考・引用文献
『学校アップデート　情報化に対応した整備のための手引き』
堀田龍也・為田裕行・稲垣　忠・佐藤靖泰・安藤明伸　著（さくら社　2020）

（愛知県公立中学校　加藤友祐）

年　　月　　日

UNIT 1　2．危機管理－子供たちを守る情報モラルの育成

③個人情報の適切な管理の基準は何か

KEYWORD

アカウント　　パスワード　　ログイン

１人１台端末の導入で、子供たち一人一人がアカウントをもちます。

アカウントの管理は極めて重要です。

重要さを家に例えてみてみましょう。（参考：『学校アップデート　情報化に対応した整備のための手引き』堀田龍也・為田裕行・稲垣　忠・佐藤靖泰・安藤明伸　著／さくら社　2020）

家に例えるとアカウントは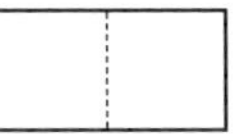のようなものです。

これは進んで他人に教えることはありません。

また、パスワードは家の□の役割を担います。

これは決して他人に渡してはなりません。

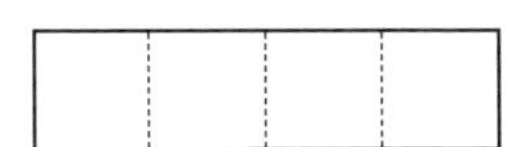とは、自分の家に鍵を使って入ることです。

つまり、パスワードは決して人に教えてはいけないのです。

勝手に家の中に入ってものを盗んでもいいですよと言っているようなものです。

この場合、盗まれるのは、成績やメモなどの個人情報です。

子供たちにアカウント・パスワードを大切に管理しなければならないことを指導する必要があります。このような例え話はそのための有効な手段です。

これだけは知っておきたい
「身体への影響を考慮したルール作り」10分で早わかり

VDT（Visual Display Terminals）症候群とは

パソコンやタブレット、スマホなどのディスプレイを使った長時間の作業により、目のかわきや疲れ、痛みにつながったり、視力が低下したり、首、肩の痛みや腰痛など、心身に悪影響が出る病気のことです。

ストレートネックとは

首の骨が真っすぐになってしまう状態のことです。近年、スマホの長時間利用が原因で増えています。頭痛、肩こり、首の痛み、めまいなどの症状につながります。

テキストサム損傷とは

親指を伸ばしたり広げたりする働きをする腱が、それらを包んでいる腱鞘との間に炎症を起こして発症する腱鞘炎のことです。スマホの長時間使用でも起こることから、テキストサム損傷とも呼ばれるようになりました。

ブルーライトとは

パソコンやスマートフォンから発せられる光のことです。目の疲れの原因になったり、睡眠のリズムが崩れたりします。

身体への影響を考慮したルール作り

①**適度に休憩**　1時間に一度はディスプレイから目を離し、休憩するようにしましょう。

②**軽い運動**　休憩時には、体操をしたり、ストレッチをしたりするなど、軽い運動をしましょう。意識的にまばたきをすることも目の疲れを減らすのに有効です。

③**ブルーライトカット**　ブルーライトを抑える設定にしたり、ブルーライトカットフィルムや眼鏡を使ったりして、ブルーライトをカットしましょう。

④**適切な位置・姿勢**　ディスプレイの高さを目と同じくらいにし、40cm以上離すようにしましょう。また、腕は肘掛や机に置くようにし、適切な姿勢で使用しましょう。

⑤**夜は使わない**　ブルーライトを浴びると、脳が覚醒します。寝る2時間前、遅くても1時間前には、パソコンやタブレット、スマホなどは使わないようにしましょう。

参考：VDT作業における労働衛生管理のためのガイドライン　厚生労働省HPより

（愛知県名古屋市公立小学校　岩井俊樹）

年　　月　　日

UNIT 1　2．危機管理－子供たちを守る情報モラルの育成

④身体への影響を考慮したルール作り

KEYWORD

VDT症候群　ストレートネック　テキストサムム損傷　ブルーライト

次の中で、パソコンやタブレット、スマホなどのICT機器を長時間使用したことで起きる可能性のあるものに○をつけましょう。

	身体的影響	○か×
1	目がかわいたり、疲れたりする。	
2	視力が低下する。	
3	頭痛やめまいがする。	
4	首や肩が痛くなる。	
5	背中に不快感がしたり、腰が痛くなったりする。	
6	腱鞘炎になる。	
7	寝つきが悪くったり、寝不足になったりする。	

次の中で、パソコンやタブレット、スマホなどのICT機器を長時間使用したことで起きる身体的悪影響を減らすのに、効果のあるものに○をつけましょう。

	行動	○か×
1	適度に休憩をする。	
2	体操やストレッチなど軽い運動をする。	
3	ブルーライトを抑える設定にする、ブルーライトカット眼鏡を使う。	
4	ディスプレイは目と同じくらいの高さにする。	
5	寝る１～２時間前には、ICT機器を使わない。	

先生のICT活用力診断チェックリスト
先生が身に付けたいICT活用力30

教室やオンラインでのICT活用力を診断できます。自分ができる項目には○をつけましょう。

教室内でのICT		○×
意見やノートを画面に映す	①子供の意見をカメラ機能で、画面に映すことができる。	
	②子供の意見をPCの機能を使い、画面に映すことができる。	
	③子供の意見をPCの機能を使い、画面に複数映し、比較することができる。	
教材を画面に映す	④教材をカメラ機能で、画面に映すことができる。	
	⑤教材をPCの機能を使い、画面に映すことができる。	
	⑥教材をPCの機能を使い、画面に映し、子供は書き込みなど操作できる。	
教材を子供に配信する	⑦教材を子供のPCに配信し、見せることができる。	
	⑧教材を子供のPCに配信し、子供は書き込みできる。	
	⑨教材を子供のPCに配信し、子供は動かすなど操作できる。	
学習状況の管理	⑩タイピングや音声入力で、学習の記録（振り返りなど）をためることができる。	
	⑪アンケートやテストなどに答えることができる。	
	⑫ドリルソフトで学習を管理することができる。	
教師と子供の交流	⑬教師からの連絡を伝えることができる。	
	⑭教師から質問をし、子供は答えることができる。	
	⑮オンラインで宿題を出すことができる。	

オンライン授業		○×
教師と子供の交流	⑯教師の連絡を伝えることができる。	
	⑰教師が質問を出し、子供は答えることができる。	
	⑱オンラインで宿題を出すことができる。	
教師→教室 子供→教室 外部とつないで	⑲授業ができる。	
	⑳教師と外部講師でやりとりをしながらの授業ができる。	
	㉑外部講師と子供でやりとりをしながら授業ができる。	
教師→教室 子供→教室 (数人自宅)	㉒授業ができる。	
	㉓教師と子供のやりとりができる。	
	㉔子供同士のやりとりができる。	
教師→自宅 子供→自宅	㉕授業ができる。	
	㉖教師と子供のやりとりができる。	
	㉗子供同士のやりとりができる。	
動画を使った非同期の授業	㉘授業ができる。	
	㉙教師と子供のやりとりができる。	
	㉚子供同士のやりとりができる。	

○の合計数 ＿＿＿＿

「0～10」の人…ICTレベルC「まず、触ってみましょう。1日5分でいいので使っていきましょう！」
「11～20」の人…ICTレベルB「なかなか使いこなしています。新しい機能もどんどん試してみましょう！」
「21～30」の人…ICTレベルA「達人です。校内や地域内にどんどん発信して推進してください！」

（静岡県公立小学校　橋本　諒）

第2章

1人1台端末を活用した授業研修

年　　月　　日

UNIT 2　1人1台端末を活用した「国語」の授業研修

①「国語名人」の授業をICT化するとこうなる

（1）国語科における主体的・対話的で深い学びを実現する方法

① 1つの［　　　］を取り上げる。

② ［　　］を明確にさせる。

③ 自分の［　　］をノートに書かせる。

④ 自分の意見を［　　］させる。

⑤ 相手の意見に対する［　　］をノートに書かせる。

⑥ ［　　］を発表させる。

（2）実際に、「Microsoft Forms」を使って行ってみましょう。

① テーマ **「ちいちゃんは幸せだったか、不幸せだったか」**

② 幸せか、不幸せか、どちらかにレをつけましょう。

□ 幸せ

□ 不幸せ

③ 理由も書きましょう。

理由

④ 自分の意見を発表しましょう。

例）私は（賛成／反対）です。なぜなら～だからです。

⑤ 相手の意見に対する反論を書きましょう。

小3・国語・光村『ちいちゃんのかげおくり』より

1　国語科における主体的・対話的で深い学びを実現する方法

小学３年・国語『ちいちゃんのかげおくり』（光村図書）という物語教材があります。「国語授業名人」は、授業の終盤に、「ちいちゃんは幸せだったか、不幸せだったか」というテーマのもと、子供たちが「幸せ派」、「不幸せ派」に分かれて、それぞれの立場から意見や反論を述べ合うことで、子供だけで話し合いが進んでいく授業を行っています。以下に、その方法を示します。

方法	小３・国語　光村『ちいちゃんのかげおくり』を例に
①　１つのテーマを取り上げる。	テーマ「ちいちゃんは幸せだったか。不幸せだったか。」
②　立場を明確にさせる。	幸せか、不幸せか、どちらかの立場を決める。
③　自分の意見をノートに書かせる。	例）幸せである。理由は、天国で家族に会えたから。 例）不幸せである。理由は、最後は死んでしまったから。
④　自分の意見を発表させる。	
⑤　相手の意見に対する反論をノートに書かせる。	例）幸せという意見に反対である。理由は、死んでしまったら意味がないから。 例）不幸せという意見に反対である。
⑥　反論を発表させる。	

2　タブレット端末を使った授業

１人１台端末の時代となった今、有効なのが、Google Forms（グーグルフォームズ）やMicrosoft Forms（マイクロソフトフォームズ）という入力フォームアプリです。

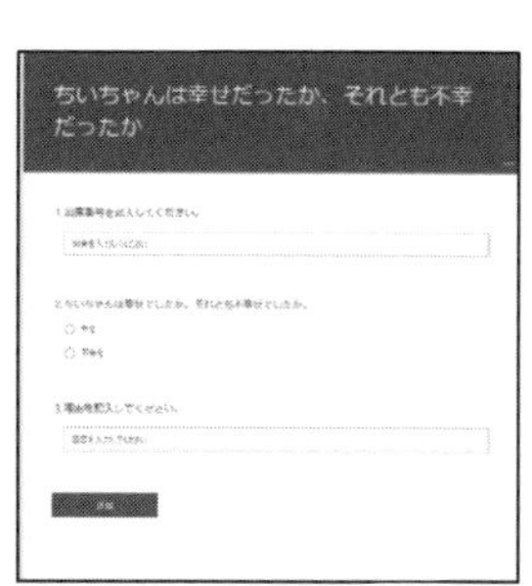

教師が、右のような入力フォームを作成しておき、子供たちに端末からアクセスさせ、自分の考えを入力させます。

Google Forms（グーグルフォームズ）やMicrosoft Forms（マイクロソフトフォームズ）は、集計結果をすぐに表示することもできるので、仲間の意見も参考にすることができて、大変効果的です。

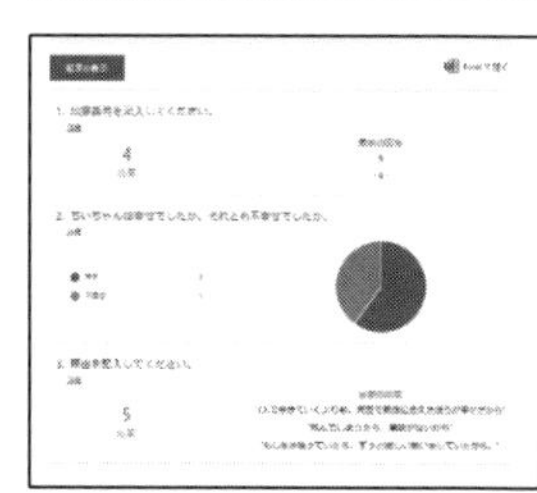

引用文献：『TOSS小事典シリーズ向山型国語の発問つくり方・使い方小事典　小学校３年』伴一孝編

（愛知県公立小学校　木田健太）

年	月	日

UNIT ② 1人1台端末を活用した「国語」の授業研修
②国語を楽しく学べるアプリは“これ”

問1　国語の学習において、児童はどのような「学習活動」を行っているのでしょうか？　思いつくだけ書いてください。

例）新出漢字をノートに書く。

国語科における子供たちの学習活動は、大きく分ければ、次の４つの活動にまとめることができます。

①読む　②書く　③話す　④聞く

１人１台の端末を活用していく上では、この中のどの活動にどのようなアプリを使うと効果的なのか、を考えていく必要があります。

例えば、話し合い（話す）の場面では、それぞれの意見や立ち位置を明確にするために、「アンケート機能」が活用できそうです。

これまでは、挙手で確認をしたり、黒板にネームプレートを貼って確認をしたりしていました。中には、誰がどんな意見をもっていたのかわからず、誰と話していいのかわからずに困ってしまう、という子もいました。

アンケート機能を活用して、「誰がどんな考えなのか」ということが、いつでも一目でわかるようにできれば、子供たちの負担を減らすことができます。その結果、子供たちは目の前の学習へ、よりエネルギーを注ぐことができるようになります。

このように、ＩＣＴ機器を活用することで、子供たちが、より学習の効果を高めることができるというのが大切です。

**問２　どのような場面で、どのようなアプリが効果的なのでしょうか？
線で結んでみましょう。**

①新出漢字の学習　・	・　言葉をつなぎながら、 イメージを広げることができる
②作文の学習　・	・　音読している箇所を マーカーで表示してくれる
③音読　・	・　新出漢字の書き順を 動画で確認できる

【新出漢字の学習】

漢字スキルや漢字ドリルにＱＲコードが記載されていれば、それを読み取ることで、書き順などを確認することができます。右のＱＲコードは、その例として、あかねこ漢字スキルデジタルサポーターの説明ページにリンクしています。

また、手書きで漢字の練習ができるものもあります。早く終わった子供への課題として取り組ませるのも有効です。

【作文の学習】

いきなり作文を書きなさいと言っても、なかなか取り組めない子がいます。そんなときには、テーマから思いつく事柄や気持ちをどんどんと書かせることで、イメージを膨らませ、作文の手助けとすることができます。

「ジャムボード」や「ロイロノート」であれば、その作業をクラスの友達と共有することもできます。友達の考えを見ることで、発想が広がります。

【音読】

デジタル教科書が導入されていれば、端末に音読をさせることも可能です。また、併せてどこを読んでいるかを表示することもできます。また、テキスト読み上げアプリというものもあります。音読の苦手な子は、このようなガイドがある方が安心して取り組むことができます。

（愛知県名古屋市公立小学校　堂前直人）

年　　月　　日

UNIT 2　1人1台端末を活用した「社会」の授業研修

①「社会名人」の授業をICT化するとこうなる

日本教育技術学会会長である向山洋一氏の

「(資料を見て) わかったこと、気がついたこと、思ったことを、ノートに箇条書きしなさい」

の指示は、単元の導入で子供たちが熱中して取り組む指示です。

また、元筑波大学附属小学校教諭の有田和正氏にも同様に、導入で資料の読み取りをさせる授業があります。

授業の導入での資料の読み取りは、全国各地から参観者が訪れていたほど「授業の名人」である両氏に共通するところです。

他ページでも紹介されているGoogle Jamboard。言わばデジタル版の「付箋と模造紙」です。「資料の読み取り」で使えます。

①操作が簡単、②色を変えられる、③紙ベースの付箋と同様に貼る場所を選べる、④グループで共同編集ができる（クラスでも不可能ではありませんが、現段階では不具合が生じやすいです)、⑤クラス全体で見られる、⑥自宅でも編集可能、などの点が便利です。

<基本的な操作>

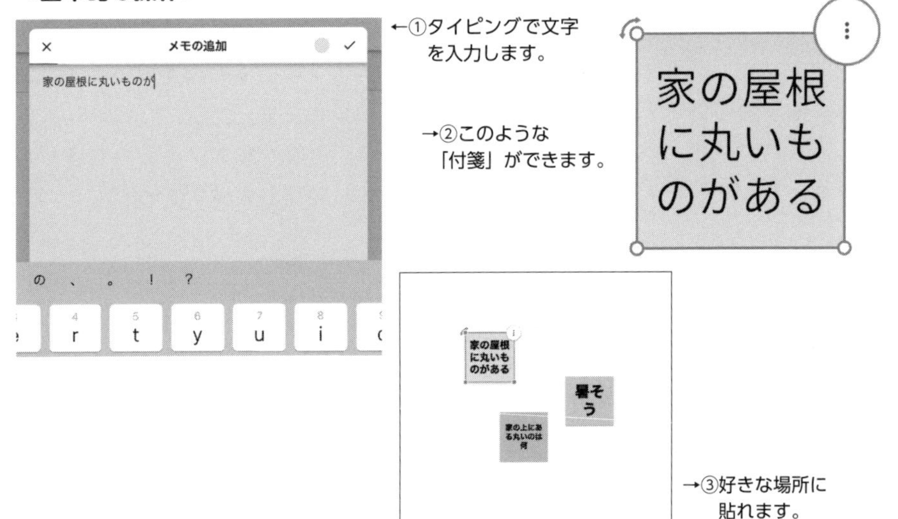

<実践例> 5年生『あたたかい地方のくらし』グループ学習

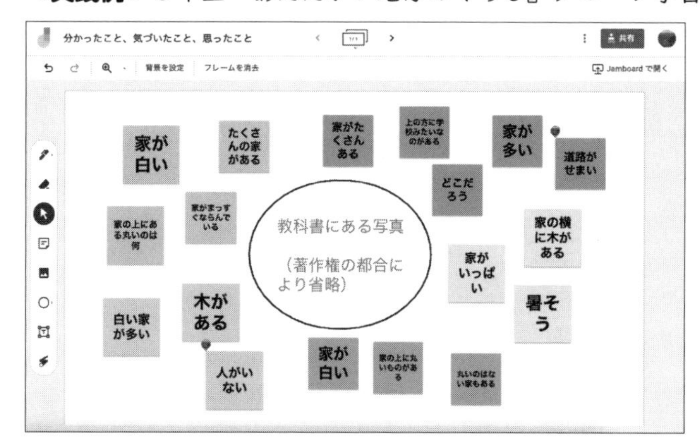

指示1「写真を見て、わかったこと、気付いたこと、思ったことを、できるだけたくさん『付箋』に書きなさい」

（子供ごとに付箋の色を変えています。）

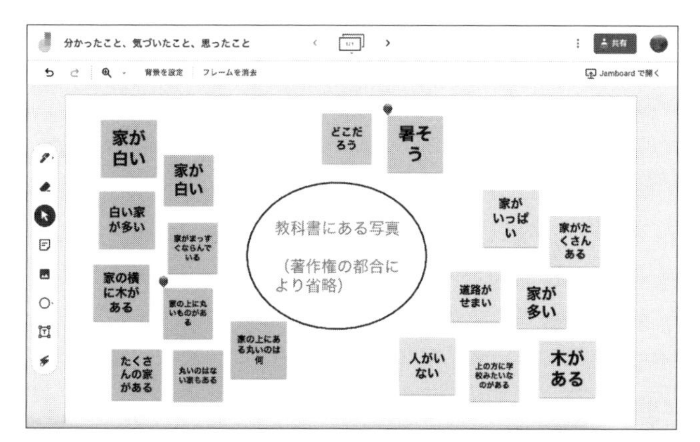

指示2「分類して、種類ごとにタイトルをつけます」

（今度は種類別に色を変えています。）

指示3「出てきた疑問を調べてごらん」

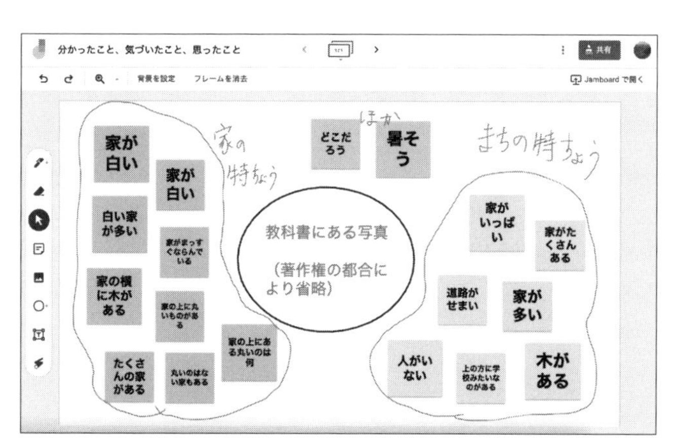

指示4「グループごとに発表します」

全体に画面を提示しながら発表することができる。

（長野県公立小学校　高見澤信介）

年　　月　　日

UNIT ② 1人1台端末を活用した「社会」の授業研修

②社会を楽しく学べるアプリは“これ”

歴史学習で活用できるオンラインサービスが「Padlet（パドレット）」です。

「Padlet」を使って歴史人物関係図を作ろう。

Padletは無料で使えるオンラインサービスです。

新規作成ボタンを押すと、8種類のボードが表示されます。自分の用途に合わせて選ぶことができます。

Padletを作成

ボードを新規作成

ウォール　ストリーム　ストーリーボード　シェルフ

メッセージ　マップ　キャンバス　タイムライン

ここでは「キャンバス」を選びましょう。キャンバスを使えば、コンテンツをランダムに並べたり、まとめたり、連結させたりすることができます。

このキャンバスの機能を使って作成したのが、下の「歴史人物関係図」です。

ノートで同じことをしようと思うと、資料をかいたり、切り貼りするのがとても大変ですが、PCやタブレットを使えば簡単にこの作業が終わります。

【ステップ1　文字入力】

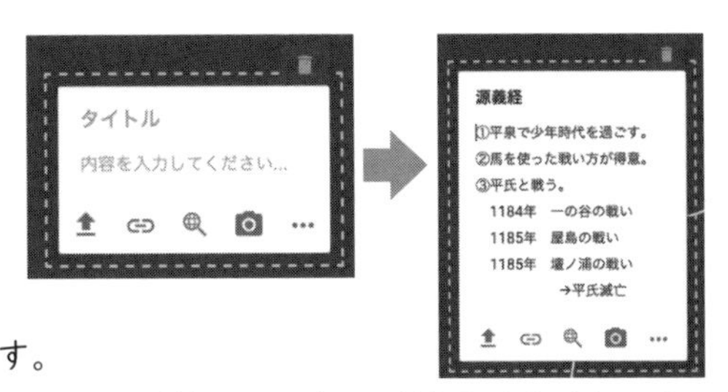

まずキャンバスを開き、画面上でダブルクリックをします。

すると、右のようなテキストボックスが現れます。ここにタイトルや内容を入力することができます。

★演習①　タイトルに「源義経」と入れ、下に義経のエピソードも入力しましょう。

★演習②　早く終わったら「源頼朝」「平清盛」についてまとめましょう。

【ステップ2　画像検索】

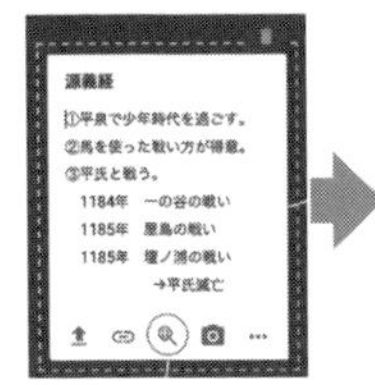

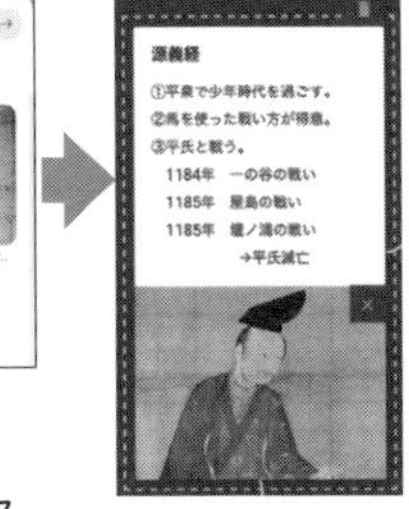

虫眼鏡のようなアイコンをクリックすると検索ができます。

キーワードを入力し、「画像」を選ぶと、ずらっと検索結果が表示されます。

その中から気に入った画像を選んでクリックすれば、テキストボックスの下部に挿入されます。

★演習③　源義経の肖像画を検索して、挿入しましょう。

★演習④　早く終わったら「源頼朝」「平清盛」の画像も検索して挿入しましょう。

【ステップ3　連結】

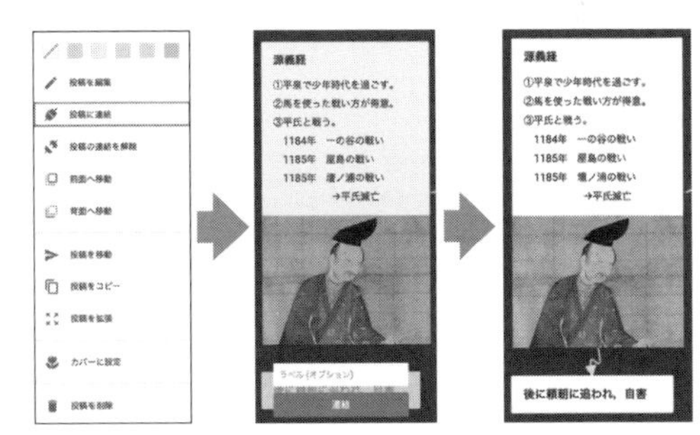

「連結」とはテキストボックス同士を矢印でつなぐ機能です。

テキストボックス上で右クリックして「投稿に連結」を選択。どのテキストボックスとつなぐのか選択すると、矢印で結ばれます。

★演習⑤　テキストボックス同士を連結させてみましょう。

Padletは共同編集もできるので、班で協力・分担して作成することもできます。Ｉ人Ｉ台端末を生かした新時代の「ノートまとめ」です。

（島根県公立小学校　太田政男）

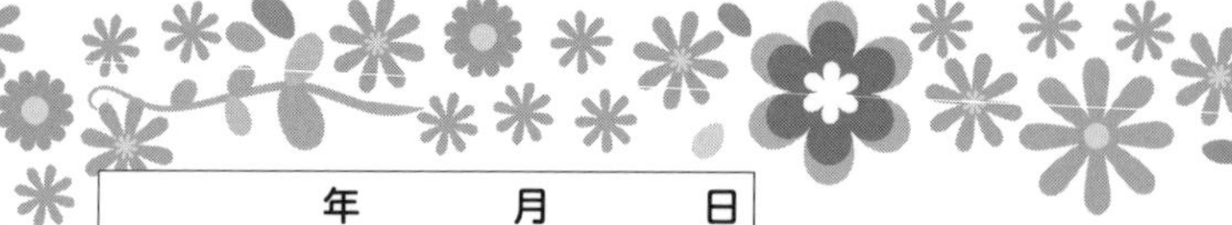

年　　月　　日

UNIT 2　1人1台端末を活用した「算数」の授業研修

①「算数名人」の授業をICT化するとこうなる

問　右のQRコードからページ行き。下の□に言葉を入れましょう。

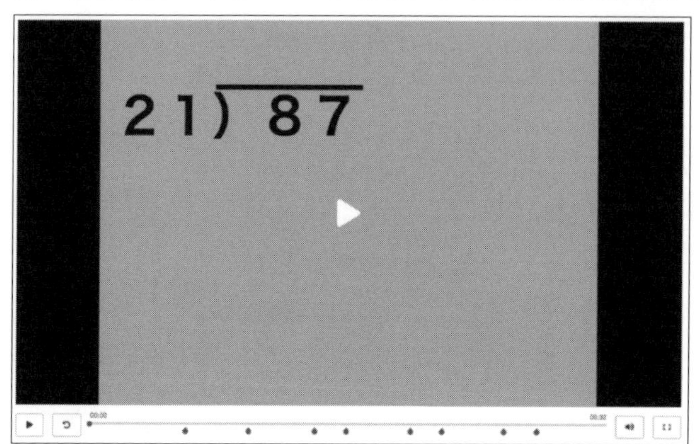

↑Edpuzzle（https://edpuzzle.com）のQRコード

①このスライドは［動］［　］でできています。

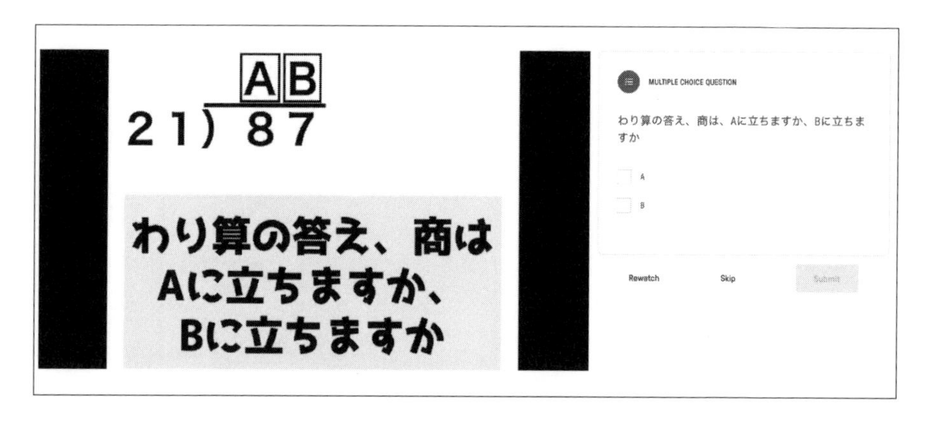

②動画だけではなく、［答］［　］を選ぶこともできる作りになっています。

＜解説＞

本授業の原実践は、日本で一番多くの教育書を出した向山洋一氏の「わり算の筆算」です。（向山洋一『2002日本教育技術学会東京大会「わり算の筆算」』（東京教育技術研究所　※現在は絶版）

向山洋一氏の授業をそのままトレースし、子供に授業をかけることができれば一番よいのですが、現在はこのVTRが絶版ですので、この授業を動画によってICT化しました。

ICT化することで、この動画を見せるだけで、向山洋一氏と同じように授業を進めることができます。また、ICT化したことで、授業だけではなく、オンデマンド教材となるので、いつどこでも子供が見て復習することができます。

子供だけで復習できるように、VTRが途中で強制的にストップし、問題に答えなければ先に進むことができない作りにしています。

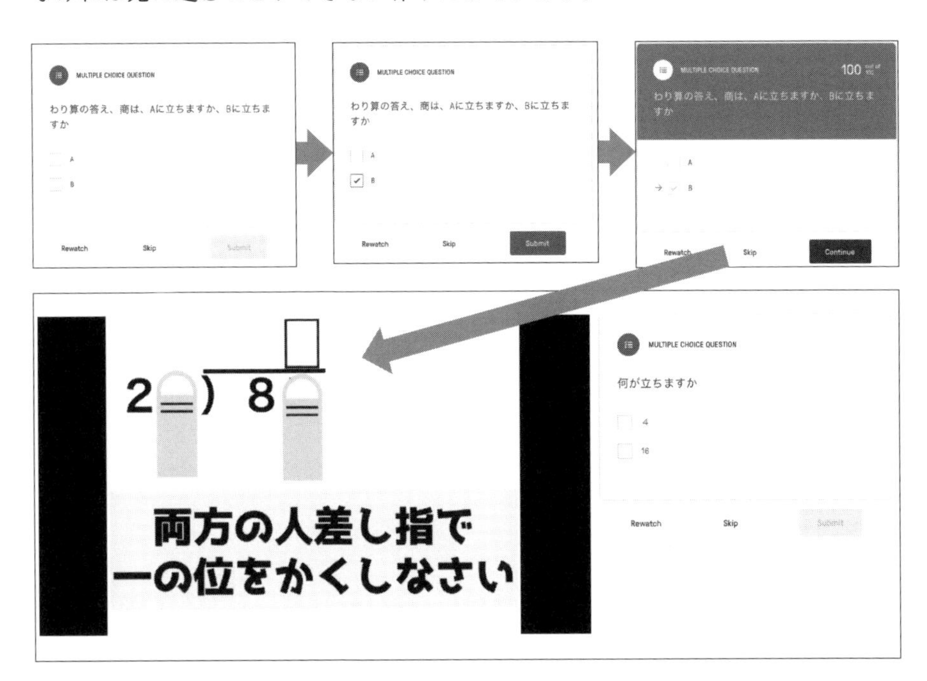

算数の有名実践をICT化するポイント

1　動画にする（子供が動画を見るだけで理解することができる）

2　見っぱなしにならない一工夫をする（解答をしないと先に進めない仕組み作り）

（北海道公立小学校　赤塚邦彦）

年　　月　　日

UNIT ② 1人1台端末を活用した「算数」の授業研修

②算数を楽しく学べるアプリは“これ”

以下に３つの算数アプリを紹介します。

① QRコードからアプリのページに飛び、実際にアプリをダウンロードし、試してみてください（３つ目のアプリは有料になるので、紹介ページを見ます）。

② 試してみて、どんな算数の学習で役立ちそうか、□に書きましょう。

（１）算数忍者

（２）トドさんすう

（３）QB説明算数

＜解説＞

（１）算数忍者

算数忍者シリーズにはたくさんのアプリがあります。

「たし算ひき算の巻」～このアプリで簡単なたし算とひき算を楽しく学習することができます。

「九九の巻」～かけ算九九をゲーム感覚で覚えることができます。

「10までかぞえよう！の巻」～幼児向けのアプリですが、小学1年生最初の単元の練習になります。

それ以外にも「３Dずけいの巻」で立体の学習、「算数忍者AR」ではARの機能を使いながら、さらに楽しく算数の計算学習、「算数忍者AR ～対戦！箱かぞえの巻」ではなんと複数でのプレイも可能です。

（２）トドさんすう

小学２年生までの算数を、ゲーム感覚で学ぶことのできるアプリです。

毎日10～15分ずつ学習する「きょうのぼうけん」、好きな内容を選ぶことのできる「フリーモード」、与えられたミッションをクリアしていく「ミッションモード」と子供が選択できるところも秀逸です。計算問題以外も網羅しているところもよいです。

（３）QB説明算数

有料のアプリですが、驚くのはそのラインナップの多さです。３年生は「たし算の筆算」「ひき算の筆算」「三角形」「小数」「分数のたし算・ひき算」「表とぼうグラフ」「分数」「かけ算の筆算」「わり算」と９つの単元が揃っています。

このようなラインナップが１年生から６年生まであるのです。

内容面でいえば、単元の中にさらに小単元に分けられていますので、スモールステップで学習できます。小単元の問題の中でも基本☆、基本☆☆、基本☆☆☆、そして発展と、難易度別になっているところが子供に優しいのです。

教師が教科書の問題の補充に例示したり、１人１台の端末の中に入れ、それぞれのペースで復習に使ったりと、活用の仕方は様々です。

（北海道公立小学校　赤塚邦彦）

年　　月　　日

UNIT 2　1人1台端末を活用した「理科」の授業研修

①「理科名人」の授業をICT化するとこうなる

『授業の腕が上がる新法則化シリーズ：理科』（学芸みらい社）の中に、「じしゃく」の実践があります。単元の導入に「自由試行」といわれる手法を用いて、学習課題を子供たちと作り、解決をしていく授業です。

この自由試行の授業は、１人１台端末を活用することで、子供たち同士の「意見交流」をよりわかりやすく、活発にすることができます。

では、どんな場面で、活用できるのか、「じしゃく」の授業の流れに沿って、考えてみましょう。

単元計画の導入部は、次のようになります。

単元計画
【第１次】磁石がひきつけるものを調べよう
　１・２　磁石がひきつけるものを見つけよう
　　①磁石はどこにあるか。
　　②磁石を使って、面白いと思ったこと、やってみた実験などを「八つ切りの４分の１の大きさのカード」に記録させる。
　　③カードを廊下に貼らせ、掲示する。
　　④掲示されたカードも参考に、さらに実験をしていく。

問　この授業の中で、どの場面に１人１台端末が活用できそうですか。
思いついたことを書いてみましょう。

このように、これまでの授業の「どの場面に１人１台端末が使えそうか」と考えることで、従来の授業の中に、１人１台端末という新しい授業方法を組み合わせていくことができます。
例えば、自由試行の授業では、子供たちの発見を「カード」に書かせる場面があります。
その後、カードに書かれた発見を「掲示」や「発表」で、全員で共有していきます。
そして、それを参考に、また実験をやってみるという展開になります。
この「カード」をICT化するとどうなるでしょうか。
１人１台端末上で書き上げたカードを共有することで、全員が手元でそのカードを見ることができます。
カードを分類させる場面ではどうでしょうか。
端末上で、カードを動かすことで、一人一人が分類作業をすることができます。自分の発見はもちろん、友達の発見もしっかりと確認することになります。
発表の際には、画面を共有することで、手元で見ながら、内容の確認をすることができます。
また、カードに書かれた実験を再現させることがあります。
その場で同じようにやってみせるわけですが、１人１台端末ならば、その「実験動画」を共有することもできます。
保存されているので、その後も、自分の端末でやり方を確認しながら試してみる、ということが可能になります。
子供たちにとって、「必要な情報がいつでも手元にある」という状態を１人１台端末では、実現しやすくなります。
もちろん、教科書に記載されている実験を動画にして、子供たちに配信していくことも可能です。
ただし、そこで１点、気を付けたいことがあります。

実際に実験するからこそ感動がある

ということです。
リアルな体験の価値も忘れないようにしたいです。

（愛知県名古屋市公立小学校　堂前直人）

年　　　月　　　日

UNIT ② 1人1台端末を活用した「理科」の授業研修
②理科を楽しく学べるアプリは“これ”

理科の授業でまずおすすめなのが、「カメラ」です。

カメラ機能を使うことで、「写真」や「動画」を一人一人が撮影することができます。

**問　どんな単元のどんな場面で「カメラ」を活用できるでしょうか。
教科書を参考にしながら、書いてみましょう。**

例えば、３年生の「ヒマワリの観察」や４年生の「ツルレイシの観察」では、写真を撮ることで、教室でも植物を観察することが可能になります。気温や天候に配慮して、教室で観察をしなければならない場合に便利です。

また、子供たちが発表をしていくと、「もう一度見てみたい」と言い出す場面が出てきます。そういったときに、サッと確認することができます。拡大もできます。「カメラ」は「虫眼鏡」の役割も果たしてくれます。このように、子供たちの学びを深めることにも活用できます。

また、５年生の「天気」の学習では、定点観測を行います。一人一人が空の様子を撮影し、比較することになります。毎日撮影する子、いくつかの場所で撮影する子など、これまでとは違った子供の姿が生まれます。

４年生の「人の体の学習」では、筋肉の動きを学習します。腕に力を入れたり、抜いたりする様子を動画で撮影すれば、自分の体の動きを確認しながら、その働きについて考えることができます。

また、カメラを起動したまま、画面を共有することで、「実物投影機」のように使用することができます。演示実験や手元の細かな作業を見せる場合に、有効です。例えば、コイルを作るために銅線を巻き付けるとき、検流計のつなぎ方を示すとき、実験キットの製作をするときなど、使えそうな場面が多々あります。

このように、「カメラ」だけでも、これまでと違った形で学習を進めることができます。

次に、理科の単元の中でも、授業が難しい「星」「月」の学習で活用できるアプリを紹介します。

星や月の学習は、天候はもちろん、観察そのものが夜にしかできないため、授業の中で実際に行うことが難しいです。

多くの場合は、「宿題」として、観察を行うことになるでしょう。

「夜の星空観賞会」のように、学校に夜集まることもあるようですが、なかなか難しいのではないでしょうか。

そんなときに活用できるのが、

Star Walk（スターウォーク）

というアプリです。スマートフォンやタブレットにインストールすることで使用できるようになります。

日付と時刻を指定して、その日その時間に見られる星を表示することはもちろん、空にかざすことで、光がなければ見えるはずの星空をリアルタイムに表示することもできます。

時刻を自動で進めることもできるので、星や月の動き、太陽の動きを確認することができます。

１人１台端末によって、理科の授業も進化を遂げます。実際に実験をしたり、本物を観察したりすることが一番よいことを念頭に置きつつ、有効に活用することが大切です。

（愛知県名古屋市公立小学校　堂前直人）

年　　月　　日

UNIT 2　1人1台端末を活用した「体育」の授業研修

体育を楽しく学べるアプリは“これ”

1　体育では「動画」機能が大活躍

指導してもなかなか子供の動きを修正できず、困ってしまったという経験はないでしょうか。これはもちろん、子供が悪いわけではありません。その原因は何でしょうか。それは、

自分がどのように動いているか（どのような姿勢か）がイメージできない

からです。要するに、動きを修正する直接的な教師の指導言（言葉）は伝わりにくいのです。例えば、「もっと肘を締めなさい」「もっと背中を丸めてごらん」「脚を高く上げてごらん」など、こういった言葉を言ったところで、子供はすぐにそのとおりにはできません。自分の経験からすると、すぐに自分の動きを修正できる子は「運動が得意な子」だけです。運動が苦手な子は**自分のボディイメージができていない**ため、どのように動かせばよいのかがわからないのです。そのため、これまでの体育では、オノマトペのような、動きをイメージしやすい言葉をどれだけ持っているかがとても重要でした。もちろん、それらの言葉の重要さはこれからも変わりません。しかし、これまで以上に簡単に教師と子供が、もしくは子供同士が課題等を共通理解できる方法があります。

それが「動画」です。もちろん、映像を見ればすぐに修正できるわけではありませんが、教える側（見ていた側）が伝えようとしていることは瞬時にわかります。修正したい部分が本人に伝われば意識することができ、目標がより具体的になります。次はこうしよう、ということが明確になるのです。そのような意味では、体育は他の教科と少し違います。

体育はどの単元においても、動画機能を使って学習に生かすことができる。

読者の皆様なら、どんな単元で使いたいと思いますか？　例えば、陸上運動。短距離走で自分の姿勢が悪くないかチェックしたり、ハードル走で脚がまっすぐに上がっているか、ハードルの踏み切り位置を確認したりすることができます。

例えば、器械運動。前転をしている時の手の着き方や肘の開き、倒立している時の脚の上がり具合や膝の伸びなど、逆さになった時に、子供は自分の姿をイメージするのが非常に難しいです。そのような際にも**映像を一時停止したり、スロー再生したりして、その瞬間の姿勢を確認することが容易にできます**。

タブレット（型パソコン）は画面が大きいのでとても見やすく、デジカメやビデオカメラにはないメリットがあります。

2　動画が蓄積されることで、自分の動きの変化を感じることができる

撮った動画は全てクラウドに保存し（P72、73参照）、これまでの学習履歴として全て残しておくことをおすすめします。特に単元の初めと最後の動画は必ず撮っておきましょう。単元の最後に振り返るとき、**単元の最初に撮った動画と最後の動画を見比べることができる**からです。日々の積み重ねの中では気付かなかった自分の成長に気付くはずです。また、それが１年後、学年が上がり、再度同じ単元を学習する時にも、１年前の自分の目標や成長を思い出し、新たな目標を持つ足がかりにもなる可能性もあります。今までにない形での学習履歴（スタディログ）が出来上がります。

3　自分の改善点が見つかることは次への意欲につながる

あるクラスでの実践です。１人１台の端末を使い、50ｍを走る姿をペアで撮り合い、課題が達成できているかを確かめる授業です。自分の姿を撮られるとなると、子供たちの中に緊張感が生まれるようです。表情は真剣そのもの。

Ａ児は、撮影後に自分の姿を食い入るように見ていました。どうしても腕を後ろに引いた時に肘が伸びてしまうのです。Ａ児は、自分の動画を見ることでそのことに気付きました。動画を見ながら腕を動かし、イメージしながらスタートラインに向かっていました。次に走るときには、明らかに、肘を曲げたまま後ろに引こうと努力しているのが見て取れました。

課題が明確になると、直そうとする意欲がわく。

教師が撮影し、大型テレビで見るという方法もありますが、その場ですぐ確認というわけにはいきません。端末ならば即時フィードバックできる上に、児童生徒全員がその場で見られるというのは魅力的です。

（長野県公立小学校　竹内進悟）

年　　　月　　　日

UNIT 2　1人1台端末を活用した「音楽」の授業研修
音楽を楽しく学べるアプリは“これ”

音楽は音を楽しむことからスタートです。

（１）意見集約とカテゴリー分け
「ヴィヴァルディ作曲　春」
指示：「春」という曲を聴きます。どんな天気をイメージしますか。
　　♪音楽を流す。
指示：発表します。
指示：どうしてそのように聴こえたのだろうね？
　　音色、リズム、強弱、音の高低？
　　もう一度聴きます。
　　♪音楽を流す。
指示：発表します。
　　今言ったことをJamboardに書きます。
指示：自分の意見はどこのカテゴリーに入りますか。移動します。

この後、発表させ、意見交流をしていきます。目からの情報だけでなく、耳からの情報としてもインプットします。

そして、このスライドは、PDFとして保存をし、児童生徒へ配布することができます。

これはGoogle Jamboardです。付箋と共同編集という機能を使って、意見集約、カテゴリー分けを行っています。

音楽科では、音楽を聴いたり、歌ったりという活動をたっぷり行います。

その次に、ICTを使うことが大切です。

問　鑑賞を１人１台端末で行うよさを、思いつくだけ書いてください。

例）１年間の作品が記録として残る。

例えば、次のようなことが挙げられます。

①鑑賞の記録が子供の作品とセットで残るので、評価しやすい。
②１年間の作品が記録として蓄積されるので、振り返ることができる。
③鑑賞カードを配布したり、返却したりする手間がない。
④所見を書く際に、自分の評価を振り返り、参考にできる。
⑤蓄積した作品を、作品・コメント集のようにして、学年末に製本することもできる。
⑥作品紹介を動画にして貼り付けることもできるので、国語科と絡めた学習も可能。
⑦在学期間中の作品を蓄積することもできる。
⑧コロナ禍、密にならずに、鑑賞することができる。
⑨授業後、休み時間や家庭でも、取り組むことができる。

子供たちにとってのよさもあれば、教師にとってのよさもあります。
ICTをうまく活用することで、子供たちの「個別最適な学習」を実現するだけでなく、同時に、「働き方改革」にもつなげていくことができます。

（愛知県名古屋市公立小学校　堂前直人）

年　　月　　日

UNIT 2　1人1台端末を活用した「家庭科」の授業研修

家庭科を楽しく学べるアプリは“これ”

家庭科は、「実習」が多い教科です。調理、手縫い、ミシン、洗濯など、2年間で様々なものを行います。

実習をしていて「困った場面」が、どの先生にもあるのではないでしょうか。

問　実習のどんな場面で困りますか？　子供視点、教師視点で考えてみましょう。

子供視点

教師視点

このお互いの困り感を、1人1台端末を活用することで、解消することができます。

困った場面1　子供：どうやってやるのか忘れちゃった

実習中の作業手順を全て、正確に覚えておくことは非常に難しいです。やることを覚えて、気を付けることも覚えて、と頭の中はパンパンになってしまいます。

これまでですと、やることをホワイトボードや黒板に板書し、手順や注意点を示していたはずです。

それでも、例えば、「ミシンの上糸の掛け方」、「玉止めの仕方」などは、文字で読んでも、非常にわかりにくいものです。

1人1台端末があれば、やり方を「動画」で配布し、確認することができます。

しかも、自分のタイミングで、確認ができるので、わからなくなってしまった場合には、自分で確認をさせることができます。

困った場面２　先生：子供たちに呼ばれ続ける

子供たちが先生を呼ぶ理由は、大きく分けて２つになります。

①相談　わかりません。これでいいですか。

②報告　できました。終わりました。

わからない子に対しては、まずは先ほど紹介した「動画配布」の支援が有効です。それだけで、次々に声が上がるという場面を解消することができます。

本当にわからない子やできた子が、先生に声をかけることになるので、個別に対応していきましょう。

早く終わった子には、端末で写真を撮り、感想を記入、そして提出させるということもできます。

困った場面３　先生：誰の作品か、わからなくなってしまった

調理実習をしていて、子供たちの様子を見ている間に、誰がどんなものを作ったかわからなくなってしまった、という経験がある方もいるでしょう。

これも１人１台端末を活用することで、解消することができます。

完成し、皿に盛り付けたものを、端末で写真に撮らせます。その写真に名前を付け、実習後に提出させるだけです。

もちろん、感想や今後の課題などを書き込ませれば、さらに効果的です。

問　１人１台端末を使うことで、先ほどのどの困ったことは、どう解決できそうですか。

アイデアを書いて、意見を交流してみましょう。

（愛知県名古屋市公立小学校　堂前直人）

年　　月　　日

UNIT 2　1人1台端末を活用した「生活科」の授業研修

生活科を楽しく学べるアプリは“これ”

★たくさんの活用ができる「カメラ」！

カメラは、1人1台端末にまだ慣れていない1・2年生にとって、とても簡単で、使いやすいアプリです。

問　1人1台端末のカメラを使用して、低学年の生活科で、どんなことに使うことができそうでしょうか。

例）　アサガオの写真を撮る。

1　【観察】育てている植物を撮影

一番使える場面は「観察」と考えます。1年生はアサガオ、2年生は野菜を育てることが多いでしょう。普段書く、観察記録を書く前に、タブレットで撮影をします。

全体、葉や花、実の部分だけなど、1回の観察で、たくさんの角度から記録を取ることができます。定規と一緒に撮影して、大きさがわかるようにすることも可能です。

観察して、絵に描くとき、時間内に終わりきらない子もどうしても出てきます。続きを別の時間で描くとき、雨でも、隙間時間でも、写真を見ればすぐに続きができるのも便利です。

2　【探検】見つけたものを撮影

生活科では、学校探検、公園探検、町探検などたくさんの探検があります。これまでは班に1台など、デジタルカメラを貸し出して撮影していました。1人1台端末が実現した今、持って出かけない手はないと思います。見つけたもの、みんなに紹介したいものを各自で撮影させます。「公園で安全に過ごせるための工夫」など、撮影のテーマを決めておくと、やみくもに写真を撮らずに済みます。

ただ、持ち運びには細心の注意が要ります。探検バッグを大きめのものを購入し、タブレットが入るようにしたり、ストラップホールが付いていれば、ネックストラップを付けて、首から下げたりするとよいです。

3　インタビューなどの動画を撮影

町探検などで、地域の方にインタビューできる機会もあると思います。その時に、動画を撮影しておくことも便利です。まとめの際に、その動画の一部を使ったり、発表会などで聞いてもらったりができるようになります。

4　【発表会】絵でまとめたものを撮影→映し出して発表会

生活科で、絵を描く場面もたくさんあります。絵を描き終えた子から、自分の描いた絵を個人の端末で撮影しておきます。それぞれがテレビに自分のパソコン画面を表示させて、撮った写真を映し出して発表します。自分自身で、パソコンの画面を映し出すことができると、撮影した写真や、作ったプレゼンなど、自分ですぐに共有しながら、伝えられるのがとても便利です。

5　本、資料の撮影

低学年で何かを調べるとき、本を使うことが多くなります。学年に適したものは、ネット情報よりも、本が多いためです。しかし、本の冊数は限りがあります。そこで、タブレットで必要なページの写真を撮影して、机に置かせて、調べ学習をさせるようにします。同じ本を見て調べたいときでも、自分で撮影して取り組むことができます。

6　【一歩進めて】「描画」で写真に書き込みを！

どんな端末を使っていても、写真に描画できるようなアプリ、ツールがあるはずです。何の写真か書き込んだり、気付いたことを、矢印などを付けて示したりすることができます。また、植物の形、葉脈を描画でなぞらせると、それぞれの植物の形や葉脈の特徴に気付かせることもできます。元の写真の画像も消えないので、元の写真も、書き込んだ画像も、両方活用できます。

7　【さらに一歩進めて】撮影した写真を「スライド」にまとめる

育てた植物の成長、探検でわかったことなど、いくつかの写真をまとめておきたいときがあるでしょう。これまでは、記録プリントをつなぎ合わせたり、模造紙にまとめたりしていました。１人１台端末では、「スライド」にまとめられます。

それぞれの端末にある、プレゼンテーションソフトを用いてまとめます。教師側でひな型を作って、子供たちに配布し、それに写真や文章を書き込む形でまとめさせると簡単に取り組みやすいです。また、 班やグループでまとめるには、共同編集機能が活用できます。

（愛知県公立小学校　野村有紀）

年　　月　　日

UNIT 2　1人1台端末を活用した「外国語」の授業研修

外国語を楽しく学べるアプリは“これ”

問　外国語の学習において、児童はどのような「学習活動」を行っているのでしょうか？　思いつくだけ書いてください。

例）アルファベットを覚える。

外国語科における子供たちの学習活動は、大きく分ければ、次の４つの活動にまとめることができます。

①話す　②聞く　③読む　④書く

１人１台の端末を活用していく上では、この中のどの活動にどのようなアプリを使うと効果的なのか、を考えていく必要があります。いくつか紹介します。

Jamboard

Googleが提供している電子ホワイトボードツールです。

「手書きする(アプリでもタッチペンがあれば可能)」「文字や図を差し込む」「付箋を貼る」といった機能があります。

例えば、Jamboardでは、以下の写真のように「付箋を貼る」機能を使って分類ゲームや並び替えゲームをすることによって、楽しんで学習に取り組むことができます。

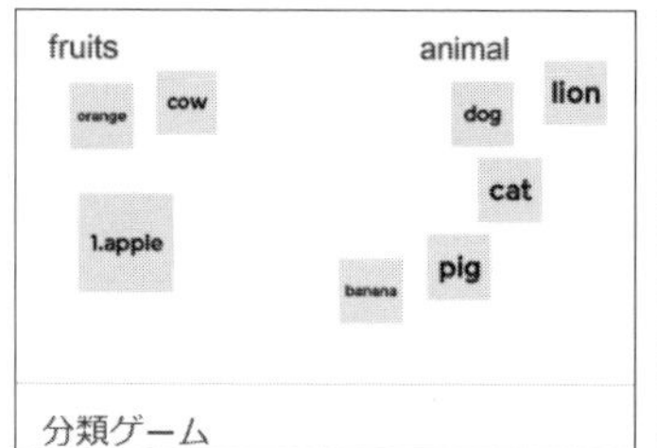

分類ゲーム

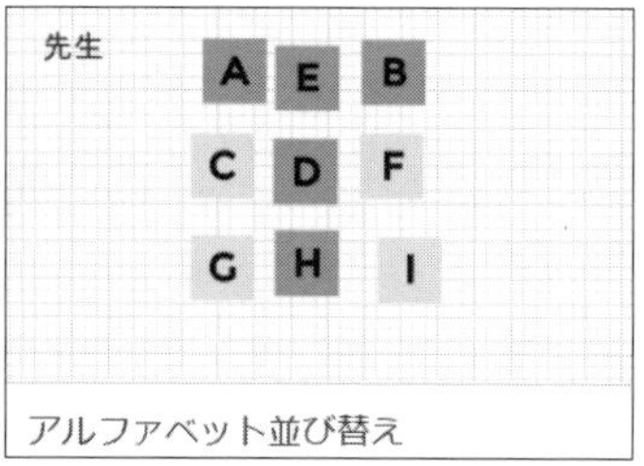

アルファベット並び替え

Jamboardの利点は、クラウドベースであること。すなわち、みんなで同じJamboardにアクセスし、リアルタイムに内容を共有できることです。

Googleスプレッドシート

C	D	E
誕生日の月	誕生日にほしいもの	好きなもの
January	I want a new game soft	
May	I want a red cap	
August	I want a yellow shirt	
May	I want a green pen	
February	I want a new bike	
January	I want a new soccer ball	
June	I want a big dorayaki!	

高学年ともなると、Googleスプレッドシートを利用するのも有効です。子供たちに書かせてみると大文字にすべきところや、スペースを空けることについて、どの子が理解できているのかはっきりわかります。

Googleスライド

例えば、1時間くらいで外国の祭りについて調べ、Googleスライドでミニ発表させます。スピーキングのパフォーマンステストの待ち時間の中で活動させることもできます。

Mentimeter

アンケートなどの質問に対して、子供たちが答えたものをまとめて表示できるアプリです。

写真のように、答えた人数が多いものほど画面の中央で大きく表示されるので、人気のランキングがわかったりする上に、全員の解答も反映されるので、ぜひ授業で活用してみたいアプリです。

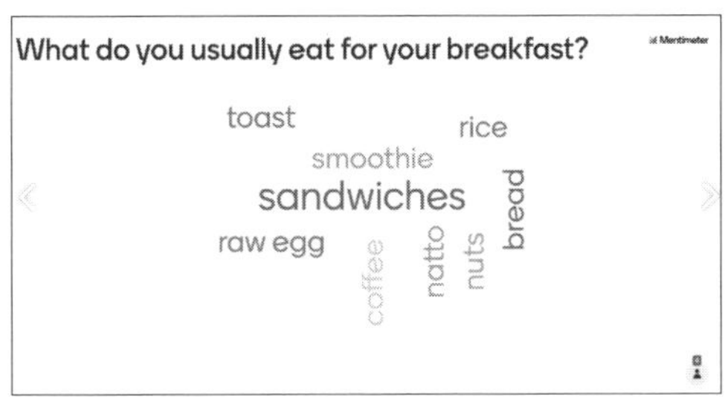

AGO Q&Aサウンドパッド

英語を学ぶ子供たちのために作られた直感的な教育アプリです。

簡単な質問と解答フォームを使って学習を進めていくことができます。言葉や画像をタッチすると、ネイティブのはっきりとした発音を聴くことができます。

（東京都公立小学校　三浦宏和）

年　　月　　日

UNIT 2　1人1台端末を活用した「道徳」の授業研修

道徳を楽しく学べるアプリは“これ”

道徳科では、大型画面に自分の意見を映し出し、思考を深める活動の場面で、1人1台端末を活用することができます。

また、授業の冒頭で「アンケート」を実施することで、児童生徒の実態を把握した上で、授業を進めていくことができます。

例えば、次のように進めていくことになります。

(1) 自分の意見を持つ

ノートやドキュメント機能使って、自分の意見を書き込みます。タイピングだけでなく、手書きができる機能を活用することもできます。書いたことをもとにして発表します。

(2) 意見の交流

(1) で書いたことを、コピー&ペーストで付箋に書き込んだり、思考ツールへ書き込んだりして共有スペースで意見交流をします。書いたことを映し出しながら発表することができます。また、フォームでアンケートを取ると数値やグラフとして意見の分布を表すこともできます。授業開始時の数値と終末での数値の変化を見ることもできます。

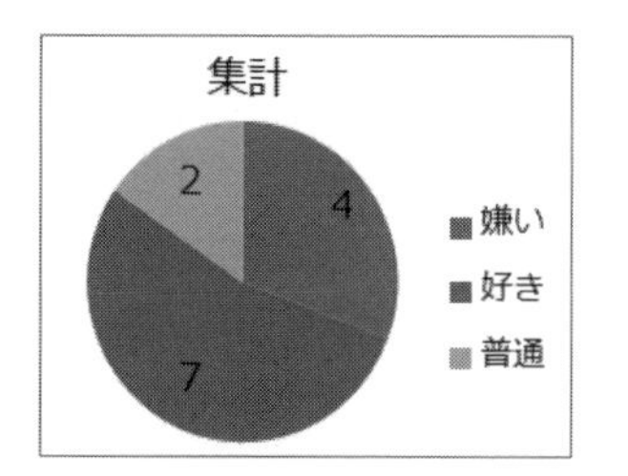

(3) 自分の考えをログとして残す

自分の考えや思考過程をそのままドキュメントやPDFにして保存することができます。ファイリングしているイメージです。PC上なので、キーワードで検索することも可能になります。

（4）思考ツールの活用

思考ツールは画面に映し出しながら活用することができます。自分自身が使うだけでなく、グループごとやクラス全体で書き込んだり共有したりすることができます。

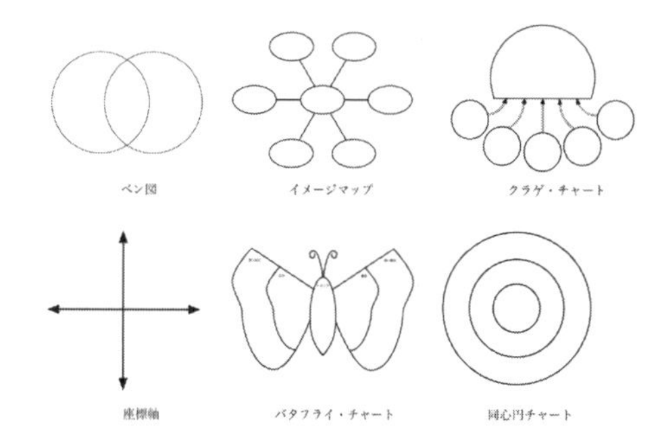

思考ツールはいろいろあります。教材や題材によって取捨選択していきます。画面に映し出すことで、物事には様々な考え方があることを共有することができます。

書き込んだものはそのまま保存して、児童生徒に配布することができます。

問１　アンケートを取ってから始めたい教材はどれですか。書き出しましょう。

問２　思考ツールと教材を結び付けて、どんな使い方ができるのか、書き出しましょう。

ICTを活用することで、自分の意見をクラス全体に共有することができます。そして、その意見を消さずにログとして保存をしたり、共有場所で意見の交流ができます。

（埼玉県公立中学校　豊田雅子）

子供たちのICT活用力診断チェックリスト
子供に身に付けさせたいICT活用力30

子供たちのICT活用力を診断できます。自分のクラスの子供ができる項目には○をつけましょう。

基礎基本		○×
タイピング	①キーボー島18級に挑戦する。	
	②キーボー島14級に挑戦する。	
	③キーボー島9級に挑戦する。	
カメラ機能	④写真や動画を撮ることができる。	
	⑤写真を撮り、文字など書き込みができる。	
	⑥写真や動画を撮り、子供同士で共有することができる。	

教室内でのICT		○×
意見の発信	⑦自分の意見を発信することができる。	
	⑧教師の質問に答えることができる。	
	⑨子供他同士で意見交換をすることができる。	
検索技能	⑩固有名詞がわかるものを調べることができる。（国語の意味調べなど）	
	⑪キーワードを自分で設定して検索できる。（織田信長　歴史など）	
	⑫話し合いの根拠となるデータを検索できる。（シャーペンが悪い理由など）	
アンケート	⑬アンケートを作成できる。	
	⑭アンケートを作成し、クラスに配布できる。	
	⑮アンケート結果を確認し、クラスで共有することができる。	
プレゼンテーション	⑯個人でプレゼンテーションを作ることができる。	
	⑰プレゼンテーションに対してのコメントをすることができる。	
	⑱共同編集でプレゼンテーションを作ることができる。	
思考整理	⑲文書（ワードなど）に文字を打ち、思考を整理することができる。	
	⑳文書に加え、画像やイラストをつけて思考を整理することができる。	
	㉑共同編集をしながら思考を整理することができる。（Jamboardなど）	

オンライン授業		○×
教師から出た課題に取り組む（休校時）	㉒自宅で自分のPCを使い、課題を受け取ることができる。	
	㉓教師から届いた課題を提出することができる。	
	㉔子供同士で意見交換や共同編集しながら課題を作成し提出することができる。	
オンライン授業（全員自宅）	㉕自宅で自分のPCを使い、課題を受け取ることができる。	
	㉖教師から届いた課題を提出することができる。	
	㉗子供同士で意見交換や共同編集しながら課題を作成し提出することができる。	
教師→教室 子供→教室（数人自宅）	㉘自宅で自分のPCを使い、課題を受け取ることができる。	
	㉙教師から届いた課題を提出することができる。	
	㉚子供同士で意見交換や共同編集しながら課題を作成し提出することができる。	

○の合計数 ＿＿＿＿

「0～10」の人…ICTレベルC「まず、触らせてみましょう。1日5分でいいので使っていきましょう！」
「11～20」の人…ICTレベルB「なかなか使いこなしています。新しい機能もどんどん試してみましょう！」
「21～30」の人…ICTレベルA「達人です。校内の先生たちにも見てもらいましょう！」

（静岡県公立小学校　橋本　諒）

第3章

情報活用能力を育成する校内研修の実例

年　　月　　日

UNIT ③—(1) 1．1人1台の教室経営 —1年～6年までのゴール設定と学年別到達目標　事例①

「端末」「キーボード入力」「プログラミング」それぞれのゴールは“ここ”

1　端末活用とプログラミングの指導計画が必要である

ある学校の情報教育の年間指導計画です。

情報教育（プログラミング教育・情報モラル教育を含む）年間指導計画

〇〇市立〇〇小学校

		1　年	2　年	3　年	4　年	5　年	6　年
タブレット端末活用		キーボード入力練習（キーボー島アドベンチャー活用）→ オンライン授業の基礎基本（Zoomの活用法）→					
		①タブレット操作の基本 ②カメラ機能の使い方 ③ロイロノートの使い方	①カメラ機能の応用 ②プレゼンテーション（KeyNote活用） ③ロイロノートの使い方	①プレゼンテーション（KeyNote活用） ②文書作成（Pages活用） ③表計算活用（Numbers活用）	①プレゼンテーション（KeyNote活用） ②文書作成（Pages活用） ③表計算活用（Numbers活用） ④動画編集（iMovie活用）	①プレゼンテーション（KeyNote活用） ②文書作成（Pages活用） ③表計算活用（Numbers活用） ④動画編集（iMovie活用）	①プレゼンテーション（KeyNote活用） ②文書作成（Pages活用） ③表計算活用（Numbers活用） ④動画編集（iMovie活用）
		※G-suite（G-mail,Googleフォーム,Googleスプレッドシートetc.）の使い方については、適宜教えていく。					
プログラミング的思考	アンプラグド	1.「プログラミング」って何？（オリエンテーション） 2. アンプラグド・プログラミング（PCを使わないプログラミング）	1.「プログラミング」って何？（オリエンテーション） 2. アンプラグド・プログラミング（PCを使わないプログラミング）	1.「プログラミング」って何？（オリエンテーション） 2. アンプラグド・プログラミング（PCを使わないプログラミング）	1.「プログラミング」って何？（オリエンテーション）	1.「プログラミング」って何？（オリエンテーション）	1.「プログラミング」って何？（オリエンテーション）
	マイクロビット	＼	＼	3. Micro-bit（3時間程度） ①点滅するハート ②Name Tag（名前表示）	2. Micro-bit（3時間程度） ①SmileyButton（ボタン） ②サイコロづくり ③Love mater（乱数）	2. Micro-bit（3時間程度） ①ジャンケンづくり ②センサーを活用する	2. Micro-bit（3時間程度） Micro-bitを使って、自分の作りたいものを作ろう
	ロボットプログラミング	3. Lego「We do」（3時間程度） ①A.科学探査機　マイロ ②1. 引く力 ③19. メッセージの送信	3. Lego「We do」（3時間程度） ①2. 速度 ②4. カエルの成長 ③火山警告	4. Lego「We do」（3時間程度） ①B.マイロ　モーションセンサー ②C.マイロ　チルトセンサー ③5. 植物と受粉を助ける生き物たち	4. Lego「We do」（3時間程度） ①6. 洪水を防ごう ②7. 災害と救助 ③18. 物をつかむ ④9. 生命のつながり ⑤10. 植物の体の働き	3. Lego「We do」（3時間程度） ①3. 頑丈な構造 ②11. 生き物のくらしと環境 ③12. 宇宙での探索活動 ④13. 災害警報 ⑤14. 海のお掃除	3. Lego「We do」（3時間程度） ①8. リサイクル・ごみの分別 ②15. 野生動物の保護 ③16. ものの運搬
	教科との関連	＼	＼	＼	＼	【算数】 正多角形の意味を基に、正多角形をかく（1時間程度）	【理科】 電気の性質や働きを利用した道具について、プログラミングを通して学習する（1時間程度）
プログラミング言語学習ソフト（ネット上にある）		①Viscuit（ビスケット） ②Lightbot（ライトボット）	①Viscuit（ビスケット） ②Lightbot（ライトボット） ③プログラミン	①Lightbot（ライトボット） ②プログラミン ③Hour of Code	①プログラミン ②Hour of Code （Scratchを入れてもよい）	①Hour of Code ②Scratch（スクラッチ）	①Hour of Code ②Scratch（スクラッチ）
		※上記のプログラミング言語学習ソフトは例示であり、必要に応じて新しいソフトを見つけ、子どもたちに与えてもよい。					
情報モラル教育		道徳科 ①ひつじかいのこども	道徳科 ①おにいちゃんの電話 ②おばあちゃんお元気ですか	道徳科 ①ちゃんと使えたのに	道徳科 ①交かんメール	道徳科 ①すれちがい ②知らない間のできごと ④メールの使い方	道徳科 ①ほんとうのことだけど･･･ ②カスミと携帯電話 ③情報モラルの達人チェックシート
		正しい情報を伝えよう	相手のことを考えて、情報を伝えよう	ルールを守って、情報ツールを使おう		モラルのある情報ツールの使い方を実践しよう	

これまで、情報教育の中心は「プログラミング教育」でした。プログラミング教育をどのように系統的に指導していくか、が議題の中心でした。

しかし、GIGAスクール構想により1人1台端末が配布されたことにより、「タブレット端末活用」についても、系統的に指導する必要が出てきました。

次の３つの分野についての年間指導計画を作成し、卒業時のゴールを示す必要があります。

①タブレット端末活用
②キーボード入力
③プログラミング教育

2 「端末」「キーボード入力」「プログラミング」の到達目標

子供たちの技能を高めるためには、それぞれの学年での到達目標が必要です。

①タブレット端末活用

iPadとChromebookの活用については、次のように目標を設定します。

	iPad	Chromebook
低学年	カメラ機能，Keynote	カメラ機能，クラスルーム
中学年	Pages，Numbers	スライド，ドキュメント
高学年	iMove	スプレッドシート，フォーム

この学年で使いこなせるようになる必要はありません。この時期から使い始め、卒業までに全ての機能を使いこなすことができるようになればよいと考えましょう。

②キーボード入力

キーボード入力の到達目標は、「キーボー島アドベンチャー」をもとに考えるとよいです（右のQRコード参照)。「45分間で800文字」打つことができると、コンピュータを道具として使うことができます。

キーボー島アドベンチャーの級でいうと、次のような目標となります。

低学年……24級（20文字／分）
中学年……11級（30文字／分）
高学年……1級（50文字／分）

③プログラミング教育

まずは1人1台端末を活用して「プログラミング言語」を教えることが大切です。小学校卒業時に「Scratch」を使いこなすことができれば、中学校にもスムーズにつながります。プログラミングについては、以下の到達目標を立てるとよいと思います。

低学年……「Viscuit」「Lightbot」を活用できる。
中学年……「Hour of code」を活用できる。
高学年……「Scratch」を活用できる。

（兵庫県公立小学校　堀田和秀）

年　　月　　日

UNIT 3 —（2） 1．1人1台の教室経営
—1年～6年までのゴール設定と学年別到達目標　事例②

「情報活用能力」の育成を重要課題に据える

１人１台端末を活用していく上で、重要になってくるもの、それは「情報活用能力」です。

いくつか具体的な例を挙げてみます。

＜操作に関わる力＞

①キーボード入力ができるか。

②クリック、タップ、ドラッグ等、基本的な用語を理解しているか。

③文書ソフト、表計算ソフト、プレゼンソフトの基本的な操作ができるか。

④アンケートなどに回答できるか。

＜情報モラルに関わる力＞

①IDやパスワード等の個人情報の重要性を理解しているか。

②情報を公開、収集する際のルールを理解しているか。

③インターネット利用から生まれる「体への影響」や「いじめ等のトラブル」について理解しているか。

＜プログラミング的思考に関わる力＞

①「順次」「分岐」「反復」の基本的な考え方を理解しているか。

②多くの機械が「プログラムによって制御されている」ことを理解しているか。

③ビジュアルプログラミング、ロボットプログラミングを体験しているか。

こういったことを、学校教育の中でどのように子供たちに身に付けさせていくかが、大切になります。

１つの参考として、69、70ページに、私の作成した「情報教育年間計画」を紹介しています。

「プログラミング教育を中心」としたものですが、１人１台端末を活用する場合でも、重要なことは「情報活用能力」ですから、ほぼ基盤としては同じになります。

ここに加えて、それぞれの自治体の「アプリ」や「ソフト」の扱いが追加されます。

プログラミング教育を中心とした情報教育年間計画（学年別目標）

小学校プログラミング教育のねらい

①「プログラミング的思考を育む」
②コンピュータの良さを知り、主体的に活用する態度を育む
③各教科等の学びをより確実にする（深める）

育てたい子ども像（プログラミング的思考を育てる目標）

【低学年・特別支援学級】自分の意図した一連の活動を実現するために、手順（必要な動き）を細かく分け、どのような順序に並べるとよいか考えることができる子
【中学年】自分の意図した一連の活動を実現するために、根拠をもって結果を予測し、順序や組み合わせが間違っていた時に、どのように改善すればよいか考えることができる子
【高学年】自分の意図した一連の活動を実現するために、効率のよい順序や組み合わせを考えたり規則性や類似点を見つけて改善点を考えたりすることができる子

		【プログラミング準備期】プログラミングの考え方に触れる				【プログラミング入門期】プログラミングの基本を理解する				【プログラミング活用期】意図する動きの実現のために、試行錯誤する			
学年		1年生		2年生		3年生		4年生		5年生		6年生	
主な教科		学級活動（道徳）		学級活動（道徳）		総合的な学習（道徳）		総合的な学習（道徳）		総合的な学習（道徳）		総合的な学習（道徳）	
年間時数（道徳を除く）		5時間		5時間		15時間		15時間		15時間		15時間	
A 個人の知識・技能 情報活用学習	機器の活用	デジタルカメラでの撮影ができるようになる。	1	撮影をした画像を使って、カレンダー等の作品が作れるようになる。	1	撮影をした画像を加工して、カレンダー等の作品が作れるようになる。	1	与えられた素材からプレゼンを作り、発表できるようになる。	3	アニメーションを活用したプレゼンを作り、発表できるようになる。	4	インターネット上から必要な画像を収集し、プレゼンを作り、発表できるようになる。	3
	パソコンの操作	クリック、ドラッグなどのマウスの基本操作ができるようになる。	2	クリック、ドラッグなどのマウスの基本操作ができるようになる。	2	ローマ字入力を使って、文字が入力できるようになる。（表を見てもよい）	5	ローマ字入力を使って、文字を変換しながら、入力できるようになる。（表を見てもよい）	3	ローマ字入力を使って、文字を変換しながら、入力できるようになる。	2	ローマ字入力を使って、文字を変換しながら、スムーズに入力できるようになる。	2
	インターネットの活用					インターネットを安全に使うことができるようになる。（個人情報、プライバシー等への理解）	3	インターネットを使って、情報を検索をすることができるようになる。（検索キーワードの決定）	2	インターネットを使って、情報を検索し、ルールを理解した上で、加工できるようにする。（著作権、肖像権への理解）	1	自分の求める情報に、インターネットを使って、たどり着くことができるようになる。（効果的な検索キーワードの設定）	1
C 学びに向かう力 人間性等 情報モラル学習（道徳科で扱う）	情報との付き合い方					個人情報、プライバシー	①	インターネットとの上手な付き合い方	①	著作権、肖像権	①	ネットトラブル	①
B 思考力 判断力 表現力等 プログラミング学習	アンプラグド	日常生活における自分の行動を細かく分け、よりよくするための手順を検討することができる。	2	日常生活における自分の行動を細かく分け、図に整理した上で、よりよくするための手順を検討することができる。	2	「順次」、「反復」、「分岐」を理解して、フローチャートを書くことができる。	3	フローチャートを使って、扇風機のプログラムを作ることができる。	2	フローチャートを使って、自動車のプログラムを作ることができる。	2	フローチャートを使って、自分たちの生活に役立つロボットのプログラムを作ることができる。	2
	ビジュアル Scratch							Scratchで簡単な「ゲーム」を作ることができる。	3	Scratchで簡単な「ゲーム」を作ることができる。	3	Scratchで簡単な「ゲーム」を作ることができる。	3
	ロボット LEGO					LEGOで「扇風機」を作り、プログラムを組んで動かすことができる。	2	LEGOで「扇風機」を作り、意図する動きを実現するためのプログラムを組むことができる。	2	LEGOで「自動車」を作り、意図する動きを実現するためのプログラムを組むことができる。	3	LEGOで「自分たちの生活に役立つロボット」を作り、意図する動きを実現するためのプログラムを組みことができる。	4

プログラミング教育を中心とした情報教育年間計画（学年別実践計画）

小学校プログラミング教育のねらい	育てたい子ども像（プログラミング的思考を育てる目標）
①「プログラミング的思考を育む」 ②コンピュータの良さを知り、主体的に活用する態度を育む ③各教科等の学びをより確実にする（深める）	【低学年・特別支援学級】 自分の意図した一連の活動を実現するために、手順（必要な動き）を細かく分け、どのような順序に並べるとよいか考えることができる子 【中学年】 自分の意図した一連の活動を実現するために、根拠をもって結果を予測し、順序や組み合わせが間違っていた時に、どのように改善すればよいか考えることができる子 【高学年】 自分の意図した一連の活動を実現するために、効率のよい順序や組み合わせを考えたり規則性や類似点を見つけて改善点を考えたりすることができる子

教科	学期	1学期				2学期				3学期			
		4月	5月	6月	7月	9月	10月	11月	12月	1月	2月	3月	合計時数
学級活動	1年生					自分たちの生活を振り返ろう （1時間） 掃除の仕方を考えよう		デジタルカメラの使い方を覚えよう （1時間） カメラで写真を撮ってみよう	コンピュータの使い方を覚えよう （1時間） マウスの使い方を覚えよう	コンピュータの使い方を覚えよう （1時間） 学校生活アンケートに答えよう	全学年共通 1月の学校生活アンケートへの入力の様子から児童の実態を把握できるようにする。	自分たちの生活を振り返ろう （1時間） みんなで楽しみ会を計画しよう	5
	2年生	自分たちの生活を振り返ろう （1時間） 給食当番の仕事を考えよう		コンピュータの使い方を覚えよう （1時間） マウスの使い方を覚えよう		パソコンを使って、時間割を作ろう （1時間） 自分だけの時間割を作ってみよう	自分たちの生活を振り返ろう （1時間） もっと使いやすい道具箱にしよう			コンピュータの使い方を覚えよう （1時間） 学校生活アンケートに答えよう			5
総合的な学習	3年生	コンピュータの使い方を覚えよう （1時間） 自分だけのカレンダーを作ってみよう	インターネットの使い方を覚えよう （3時間） インターネットに接続してみよう			プログラミング的思考を身につけよう （2時間） LEGOで扇風機を作ってみよう		コンピュータの使い方を覚えよう （3時間） ローマ字入力を覚えよう	コンピュータの使い方を覚えよう （2時間） ローマ字入力を覚えよう	コンピュータの使い方を覚えよう （1時間） 学校生活アンケートに答えよう	プログラミング的思考を身につけよう （3時間） フローチャートを書けるようになろう	3年生に向けて行う	15
	4年生	【3～6年】 5月からインターネットに触れさせていくことを考え、情報モラルの授業を4月に行っておくことが効果的である。	インターネットの使い方を覚えよう （2時間） インターネットで検索してみよう	プログラミング的思考を身につけよう （2時間） 扇風機を動かすためのフローチャートを作ろう	プログラミング的思考を身につけよう （2時間） LEGOで扇風機を作ってみよう			4年生に向けて行う	コンピュータの使い方を覚えよう （2時間） ローマ字入力を覚えよう	コンピュータの使い方を覚えよう （1時間） 学校生活アンケートに答えよう	プログラミング的思考を身につけよう （3時間） scratchで「ゲーム」を作ってみよう	コンピュータの使い方を覚えよう （3時間） 委員会の仕事をプレゼンしてみよう	15
	5年生		インターネットの使い方を覚えよう （1時間） インターネットで画像を探そう			プログラミング的思考を身につけよう （2時間） 自動車を動かすためのフローチャートを作ろう	プログラミング的思考を身につけよう （3時間） LEGOで自動車を作ってみよう	コンピュータの使い方を覚えよう （4時間） [illegible]学習をプレゼンしてみよう	コンピュータの使い方を覚えよう （1時間） ローマ字入力して、漢字に変換しよう	コンピュータの使い方を覚えよう （1時間） 学校生活アンケートに答えよう	プログラミング的思考を身につけよう （3時間） scratchで「ゲーム」を作ってみよう		15
	6年生		インターネットの使い方を覚えよう （1時間） インターネットで知りたいことを調べよう	コンピュータの使い方を覚えよう （3時間） 調べたことをプレゼンしてみよう	LEGOをいちいち分解するのは大変なので、学年の使用時期をずらして、重ならないようにする。学年内では調整しながらやっていく。		コンピュータの使い方を覚えよう （1時間） ローマ字入力して、漢字に変換しよう	プログラミング的思考を身につけよう （2時間） ロボットを動かすためのフローチャートを作ろう	プログラミング的思考を身につけよう （4時間） LEGOで生活に役立つロボットを作ってみよう	コンピュータの使い方を覚えよう （1時間） 学校生活アンケートに答えよう	プログラミング的思考を身につけよう （3時間） scratchで「ゲーム」を作ってみよう		15

（愛知県名古屋市立公立小学校　堂前直人）

今、教師が知っておくべき話題の「ICT用語」①
CBT評価

CBT（シービーティー）とは、「Computer Based Testing」の略称です。

簡単にいえば、「コンピュータを使って行う試験」ということになります。

すでに、「英検CBT」や「漢検CBT」などの資格試験にも登場をしています。今後、「全国学力・学習状況調査」もCBT化が検討されています。

調査にコンピュータを使うことで、どんなよさがあるのでしょうか。

① まず、先生たちが、紙のテストを配布したり、回収したりする必要がなくなります。先生たちの負担が軽減されます。

② 次に、回収から採点まで要する時間が短くなり、試験の結果をもとに、指導へのフィードバックが迅速に行えるようになります。

③ さらに、一人一人の「解答所要時間」もデータとして収集することができます。より違った角度からの分析が行われることになりそうです。

④ 紙面によるテストは、情報漏洩の観点から試験を「同一日に実施」していました。CBT化することで、一人一人に対して、別の問題を出題することができます。

つまり、問題が漏洩する可能性が低くなるため、「学校の予定に合わせた日程」での試験実施が可能となるかもしれません。

⑤ また、コンピュータの技能差が、試験の結果にも影響するのではないか、という意見もあるでしょう。

令和の教育の重要テーマに「情報活用能力」というものがあります。学習指導要領の総則の中にも、「学習の基盤となる資質・能力」と記載されています。つまり、コンピュータを使う技能が育っていない、ということは、「情報活用能力の育成」に何か課題がある、と考えることができます。

⑥ そもそも、多くの資格試験がCBTになってきているという社会の動きを踏まえれば、子供たちが早いうちからCBTを体験することは、大きな財産になります。

参考文献：『教室ツーウェイNEXT』16号　堀田龍也氏　論文

（愛知県名古屋市公立小学校　堂前直人）

年　　月　　日

UNIT ③―(3)　1．1人1台の教室経営 ―1年～6年までのゴール設定と学年別到達目標　事例③

データをクラウド保存するスキル育成のヒント

1　データの保存は端末ではなくクラウド上に

子供が卒業するまでに、以下のようなステップを踏んでいくとよいでしょう。

<到達目標>
低学年……共有ドライブに保存することができる。
中学年……ドライブや決められたフォルダに、指示されたファイルを保存することができる。
高学年……保存したクラウド上のフォルダにアクセスし、ファイルを自由に開いたり、編集したりすることができる。

これまでデータはパソコン等の端末、もしくはUSB等のメディアに保存するのが主でした。今までと同じように、子供たちもワードやエクセルで作成した文書、撮影した写真等を、それぞれの端末に保存するとどうなるでしょうか。

その端末を開かなければ、データを開くことができない

という状態になります。子供が40人いたら、40台のパソコンを開かなければデータを見ることもできないのです。それはとても面倒なことです。よって、これからのデータの保存場所は端末ではなく、

クラウドに保存する

のが基本です。クラウド（サービス）とは、インターネットを通して、データベースやフォルダ、アプリを使うことができるサービスです。フォルダを例に挙げれば、Microsoftが提供しているのが**One Drive**、Googleが提供しているのが**Google Drive**です。それぞれ、インターネット上に保管することができるフォルダです。

では、クラウド上のフォルダに保存すると、どんなメリットがあるのでしょうか。

どの端末からでもデータにアクセスすることができる。

要は、教師の端末からアクセスしても、子供が作成、保存したデータを自由に見たり編集したりすることができるようになるということです。教師だけではありません。子供同士でもお互いに作ったもの、グループで作ったものを見ることができますし、**共同編集**することもできます。共同編集とは、**1つのファイルに多数の人が同時にアクセスし、同時進行で書き込んだり直したりすること**です。例えば、国語のパンフレットや新聞を書く単元や、社会で班ごとに調べたことを模造紙にまとめる活動をしたことがある先生もいらっしゃるかと思います。そのようなとき、1枚の紙にみんなで頭を突き合せなくても、1人1台の端末を使い、それぞれの画面上で、離れた場所からでも、同時に作成することができます。そのためには、ファイルをクラウドに保存、もしくは移動させるスキルが必須です。

2　難しい話はアナログの例え話で理解させる

このような、クラウドという概念（仕組み）は大人でも少し理解が難しいものです。しかし、教師は子供に説明できなくてはいけません。

このようなとき、アナログにして例を考えるといい例えが浮かんできます。

例えば、端末を子供の引き出し、クラウドを大机に例えるとよいでしょう。

「みんなの机にノートをしまっておいたら、先生はみんなの机の引き出しを一人一人開けなければいけないでしょ。それがパソコンに保存するということです。それは大変だから、ノートはみんながいつでも見られるように、この大机に置きましょう。この教室に来ることができれば、いつでも見ることができるね。インターネットに保存するとは、例えばそういうことです。」

「でも全然関係ない人がここに来て、見たり勝手に書いたりされるのは困るね。だから、この教室に鍵をかけることができます。それなら安心だね。」

また、クラウドに保存することが危険だというイメージを持っている方もいます。「誰でもどこからでもアクセスできる」という言葉から、そういうイメージを持つのかもしれません。しかし、それはIDとパスワードでちゃんと管理することができます。こちらも「ID」は**家の表札**、「パスワード」は**家の鍵**に例えることで、わかりやすく理解させることができます。

（長野県公立小学校　竹内進悟）

年　　月　　日

UNIT 3 ― (4)　2．1人1台の教室経営
―モデル授業とQA入り研修会づくり　事例①

Jamboard活用のポスター協働制作プロジェクト

問1　Jamboardとは、どんなアプリですか？

Googleが提供する無料のオンライン・ホワイトボードです。
学校現場で使用するのに適している特長が3つあります。

① 機能がシンプル

② □□編集ができる。

③ □□検索ができる。

問2　何人グループで1つのJamboardを編集させるといいですか？

□～□人のグループが最適

問3　Jamboardの機能は、最初に全部教えた方がいいですか？

ここで紹介するモデル授業の場合は、2つの機能に限定しました。

① 「テキストボックス」で文字を入力

② 「□□を追加」で画像挿入

問4　時間差ができるのですが、どうしたらいいですか？

□□□□を取り入れる。

Jamboardを使った国語授業（3年「外国のことをしょうかいしよう」東京書籍）

Jamboardは、①機能がシンプルで、②**同時編集**ができ、③**画像検索**もできるのが特長です。

外国のことを紹介するポスターををJamboardで作らせてみました。特に便利だった機能がこれです。

「写真を追加」 ボタン　→「Google画像検索」

Jamboardの中で画像検索でき、そのまま貼り付けられるのです。写真を拡大印刷して模造紙に貼るという手間もいらないので時間短縮にもなりました。

3～4人のグループで1つのJamboardの共同編集をさせました。1人当たりの作業量はぐんと減り、短時間でポスターを作れました。

しかし、4人同時に編集すると誤操作も増えたので、**「2人で1台の端末を使う」**ことにしました。つまり、1つのJamboardに「2台」だけアクセスさせたのです。

その結果、誤操作が減り、Jamboardの使い方を教え合うようになりました。慣れてない初期の段階では、「2人1台」から始める方がスムーズに進むでしょう。

進行状況に大きな差が生じてしまうことがあります。この時間差を埋めるために途中で**「個別評定」**を取り入れました。プロジェクターで各班のページを映し出し、それぞれどこまで進んでいるのか全体に共有しました。

ただ見せるだけでなく、「個別評定」と「褒め言葉」を取り入れました。

「1班、いいですね。写真が2枚入ってますね。40点」

「2班、すごいね。写真が3枚。文字も入ってるから70点」

どの班が、どんな点でよいのかをはっきりさせ、それを明確に点数として伝えました。点数の方が子供たちにも伝わりやすく、その後の動きが大きく変わるからです。

教師が褒めたことはあっという間に全体に広がっていきます。よい方法は他の班もどんどん取り入れていきました。

3年生でも2時間でポスターを完成。第3時には、電子黒板に映し出して紹介する活動ができました。

（島根県公立小学校　太田政男）

年　　月　　日

UNIT 3 ― (5) 2. 1人1台の教室経営
―モデル授業とQA入り研修会づくり　事例②

まずは「先生が毎日触る」こと、そして「触らせること」徹底

１人１台端末が導入されました。多くの先生から聞かれるのが、

Q　まず、何をやるのがいいですか

ということです。

１人１台端末が登場して、現場の先生の中には、「苦手で困っています」という方が少なからずいらっしゃいます。それでも使わなければならない、という大きなプレッシャーの中、取り組みを始めるわけです。

そんな中、私が最初にお伝えしているのは、

A　まず、先生が毎日触ってみましょう

ということです。

子供だけが１人１台端末を使う、ということは教室ではあり得ないわけです。必ず、先生も一緒に使います。であれば、まずは先生から使ってみましょう、ということを提案しています。

先生の画面を大きく映してみる。子供のノートをカメラで撮って、後で評価してみる。もっと簡単なところで、「電源を入れて、ログインするだけ」でもいいです。

そんなふうに、タブレットを身近に置くことから始めてみましょう。

そうやっていると、そのうちに、「ここで使ってみようかな」と、ふと思う時が来ます。そこからまた、勉強を始めていけばいいわけです。

次に、子供たちにまず何をやらせるか、ということになります。

これも同じで、

A　まず、毎日触らせてみましょう

ということになります。

「健康観察」でもいいでしょうし、「お絵描き」でもいいでしょう。

朝、タブレットを配布する。帰る時にタブレットをしまう。このことだけをやってみてもいいわけです。

こうやって、子供たちの手元にタブレットがある状態をまずはつくってみましょう。

そうすると、そのうちに、「ここで使わせてみようかな」と、ふと思う時が来ます。そこから、何を使わせたらいいのか、と考え始めればいいのです。

私が研修会で、考えていただきたいこととして伝えているのは、

タブレットを使うことに必死になって、学習内容が頭から抜けてしまうことがある

ということです。

１人１台端末の操作も覚えないといけない。勉強した内容も覚えないといけない。という状態では、その授業での「めあて」が達せられなくなってしまうことも起こりえます。

そうならないために、

「学級活動」や「総合的な学習」の時間に、「レクリエーション」の形で、端末の操作に慣れさせていく

ということをおすすめしています。

低学年からできることで１つ例を挙げると、「指定された形を使ってイラストを描く」というものがあります。

①課題の配布、②課題の提出、③書き込みによる操作、④画面の共有、⑤共同編集など、目的に応じて、様々な機能を練習させることができます。

他にも、「写真を集めて、動物園を作りなさい」や「友達と共同編集して、町を作りなさい」などの課題も、子供たちは熱中します。

「授業」で１人１台端末を使わなければと思うと、ハードルがとても高くなってしまいます。まずは、遊びのような簡単なところから取り組んでみるといいのではないでしょうか。

（愛知県名古屋市立公立小学校　堂前直人）

年　　月　　日

UNIT 3 ー (6) 2．1人1台の教室経営
―モデル授業とQA入り研修会づくり　事例③

導入されている機器、アプリを知る

１人１台端末と一口に言っても、自治体によって、導入されている機器やソフト、アプリは全く違います。

先生方の学校に導入されている機器、ソフト、アプリはどんなものでしょうか。

ご自身の端末を開いて、確認してみてください。

★導入されている機器

例）iPad、Chromebook、Surface

★導入されているソフト、アプリ

例）ロイロノート、Sky Menu Cloud、Google classroom、Teams

例えば、「ロイロノート」や「Sky Menu Cloud」は、課題の配布や回収、共同編集などを可能にするものです。

「Google Classroom」や「Teams」も機能としては似ていますが、先生方の使い慣れている「Word」や「Excel」、「PowerPoint」などを共有できるので、少し身近に感じられるかもしれません。とはいえ、違うものなので、操作には慣れが必要です。

ここに挙げたようなソフトやアプリの操作方法については、それぞれのHPなどでも詳しく紹介されているので、そちらを見ていただく方がいいでしょう。

Google Classroomを使った家庭科の授業例

１人１台端末を活用した授業の一例として、Google Classroomを使った「家庭科」の授業を紹介します。

調理実習を行う単元を想定しています。

まず、右のように、ワークシートを子供たちと共有します。

このワークシートは、Googleスライドで作成をしたものです。

このワークの中で、子供たちはレシピを考えたり、作り方の動画を見て確認できたりするようになっています。

１人１台端末を活用しているため、調理実習前でも、調理実習中でも、困ったときにはいつでも、レシピや作り方を確認できます。

調理後は、自分の作った料理を写真に収めて貼り付けることで、誰が、どんなものを作ったのかが、担任が自然と把握できます。

また、Googleフォームによるアンケート機能を使って、学習後の振り返りができるようになっています。

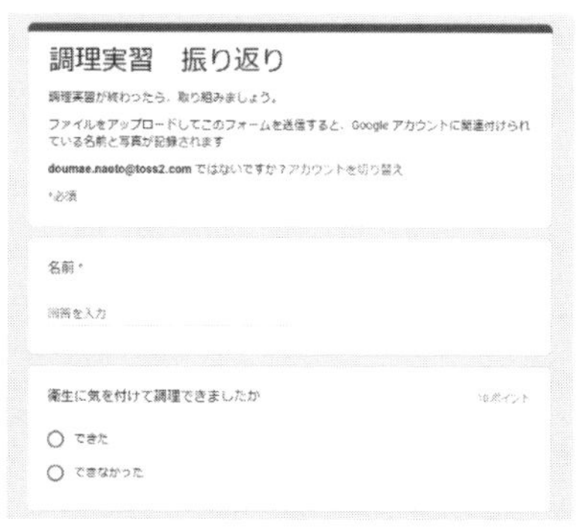

実習で意識すべきポイント（安全面、衛生面等）がどれだけできたかは、アンケートの回答をもとに、点数化して表示されます。

（上のQRコードからアンケートに答えることができます。Googleのアカウントが必要です。）

上記の授業例は、研修会のために構想したものです。そのため、１人１台端末の活用の頻度をかなり高く設定してあります。

全てに１人１台端末を活用する必要はないでしょうが、このような形で活用できるという１つの参考にはなるかと思います。

（愛知県名古屋市立公立小学校　堂前直人）

年　月　日

UNIT 3 ―（7）　3．子供に必要なICT用語一覧

子供に教えたいICT用語48

子供に教える前、教えた後の確認に使用することが可能です（知っていたら「知っていたか」にレ、子供に教えた場合「子供に教えた」にレを入れてください）。

知っていたか	子供に教えた	ICT用語	ICT用語の意味
		パソコン	個人で使うコンピュータ
		タブレットPC	指などで画面をタッチし、動かせるパソコン
		スマートフォン	パソコンに近い性質をもった携帯電話
		ログイン	パスワードを入れ、自分専用の場所に入ること
		パスワード	自分専用の場所に入るための鍵のようなもの
		アプリ	目的にあった作業をするソフトウェアのこと
		アイコン	ソフトウェアを表した小さな絵記号のこと
		キーボード	コンピュータの操作に使われる入力機器の１つ
		タッチパッド	マウスの代わりに指先で操作するパネル
		インターネット	世界中の情報機器を接続するネットワーク
		スリープ	パソコンを使わない時に電力を節約する機能
		シャットダウン	電源を切ること
		充電	電気を蓄えること
		デジタルカメラ	デジタル写真を撮るカメラ
		シャッターボタン	カメラのシャッターを切るためのボタン
		ピント	写真レンズの焦点
		逆光	撮影する物の後ろに日光など強い光があること
		ズーム	拡大したり、縮小したりすること
		トリミング	（写真などの）不要な部分を取り除くこと
		動画	動く画像のこと
		録音	音を記録すること
		撮影	写真や動画を撮ること
		プリンタ	PCなどからデータを受け取り、紙に印刷する装置

知って いたか	子供に 教えた	ICT用語	ICT用語の意味
		電子黒板	書いた物を電子的に変換できるホワイトボード
		実物投影機	立体物も投影できる装置。書画カメラともいう
		プロジェクタ	スクリーンにモニタ画像を映す機器のこと
		ローマ字入力	アルファベットで日本語の音を表し入力すること
		ホームポジション	キー入力のための基本の指の位置
		キーボード入力	キーボートを使って文字を入力すること
		クラウド	インターネット上にデータを保存できる場所
		ブラウザ	インターネット上のWEBページを見るためのソフト
		ID	身分証明のこと
		同時編集	複数の人で同時に編集できること
		ワープロソフト	コンピュータ上で文字などを打つソフト
		表計算ソフト	数値データの集計、分析ができるソフト
		プレゼンテーションソフト	スライドショー形式で情報を表示するソフト
		スライド	プレゼンで使う１つ１つの画面のこと
		SNS	インターネット上で交流できる会員制のサービス
		チャット	複数の人がリアルタイムに文字入力し会話すること
		メッセージ	伝えたい言葉のこと
		プログラミング	コンピュータに対する指示を作ること
		プログラム	コンピュータに対する指示
		センサー	人間の代わりに温度などを検出する器具のこと
		フローチャート	一連の行動を図にしたもの
		ドローン	人が乗っていない航空機のこと
		IoT	あらゆるモノがインターネットに接続される技術
		Wi-Fi	無線で通信する端末が互いに接続可能になる方式
		著作権	作品を作った人がもつ権利

（北海道公立小学校　赤塚邦彦）

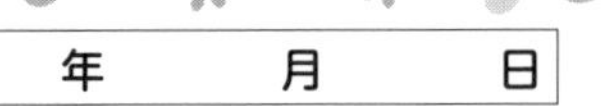

UNIT 3 ― (8)　4．教師が知っておくべきICT用語

教師のためのICT用語解説

◆　GIGAスクール構想

１人１台端末、高速配信ネットワーク環境を整えるための文科省の政策。予測困難なSociety5.0の時代を生きる子供たちのために、一人一人に「個別最適化され、創造性を育む教育」の実現を目指している。１人１台端末は「マストアイテム」であり、令和の時代における「ニュースタンダード」と考え、これからの学校教育が劇的に変化していくことが期待されている。

◆　ICT（Information and Communication Technology）

情報通信技術。ITとほぼ同義であるが、IT（情報技術）に対して、SNSやメールなど、デジタル化された情報をやりとりする（通信）技術を表す。人とインターネット、人と人がつながる技術を意味し、現在は「IT」に代わってよく使われている言葉。

◆　対面授業とオンライン授業・同期型授業と非同期型授業

「教室での学び」と「オンラインでの学び」

同期

同時双方向での
オンライン学習

教室での対面学習

オンライン

対面

オンデマンド学習
（動画視聴、レポート作成、
デジタルドリル等）
（学習ログの収集と可視化）

※ 中山間地等の学校、日本人学校など
距離がハンディになる場合や、病院内の
学校、不登校児童生徒等など個別に集
団から離れざるを得ない場合に配慮

非同期

Tatsuya HORITA @ 東北大学　　(6)

<中央教育審議会 2020.11.13 資料より>

・対面授業
　いわゆる教室での授業

・オンライン授業
　インターネットを介して教師と子供が異なる場所で行われる授業

・同期型授業
　同時双方向授業。リアルタイムで教師と子供、子供と子供がやりとりをしながら進める授業。ZoomやGoogleMeetなどを使った授業が主流。対面授業も同期型に類する。

・非同期型授業
　オンデマンド学習。You Tubeなどの動画を視聴するだけでなく。レポートをインターネット上で提出したり、デジタルドリルで学習したりすることも含まれる。

◆ オンラインビデオ会議アプリ

Zoomを代表とする、オンラインでお互いに顔を見合うことができるビデオ会議アプリ。他にもGoogle Meet、Microsoft Teams、Where by、LINEのビデオ通話などがある。

◆ 遠隔教育

離れた場所同士で映像や音声などのやりとりを行うシステム（遠隔教育システム）を活用した同時双方向型で行う教育のこと。児童同士だけでなく、ALT、専門家免許外教科担任、不登校児童生徒、病弱児童生徒とつながるなど、様々な可能性を持っている。すでに様々な実践が報告されている。

<中央教育審議会 2020.7.2 参考資料より>

◆ CBT（シー・ビー・ティー）

Computer Based Testing（コンピュータ・ベースド・テスティング）の略。試験における工程を全てコンピュータ上で行うこと、及びそれを行うサービスのこと。動画や音声を使った問題など、試験の幅が広がるだけでなく、問題の漏洩やカンニングを回避できる、災害等に対応できるなどのメリットもある。タイピングによるテストであり、これまで以上にタイピングの技術が重要視されている。1990年から日本でも導入され、近年様々な試験に採用されてきている。

◆ BYOD（ビー・ワイ・オー・ディー）

Bring Your Own Device（ブリング・ユア・オウン・デバイス）の略。自分のデバイスを会社等に持ち込むという意味。社員が企業等に自分のスマホやノートパソコン、タブレットなどの端末を持ち込み、業務に活用する仕組み。大学や高校などでも取り入れられている。

◆ IoT（アイ・オー・ティー）

Internet of Things（インターネット・オブ・シングス）の略。「モノのインターネット」と訳されている。従来インターネットに接続されていなかった身の回りの様々なモノ（住宅・建物、車、家電、電子機器など）がインターネットにつながる仕組みのこと。

◆ Society5.0（ソサイエティ5.0）

日本社会が提唱する未来社会のコンセプト。サイバー空間（仮想現実）とフィジカル空間（現実空間）を高度に融合させたシステムにより、経済発展と社会的課題の解決を両立する、人間中心の社会。

狩猟社会（Society1.0）、農耕社会（Society2.0）、工業社会（Society3.0）、情報社会（Society4.0）に続く、新たな社会を指すもので、第５期科学技術基本計画において我が国が目指すべき未来社会の姿として初めて提唱された。

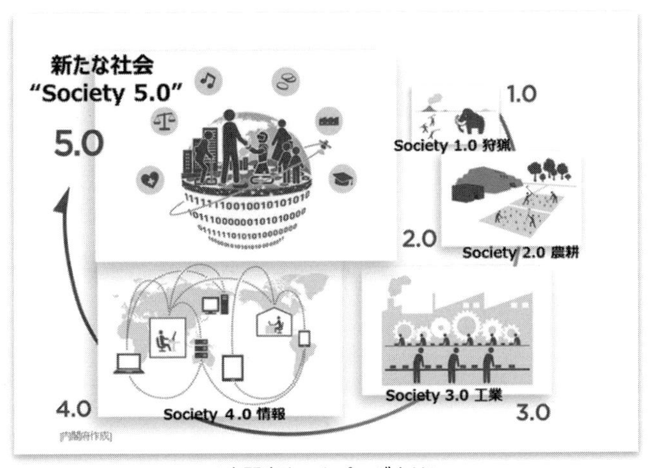

<内閣府ホームページより>

◆ ロボティクス

元々は「ロボット工学」を指す用語。産業ロボットを中心とした製品を作る業界のことを「ロボティックス業界」という。ロボットに関する産業の総称として「ロボティクス」と使われる。

◆ ビッグデータ

「様々な形をした、様々な性格を持った、様々な種類のデータ」のこと。従来のデータベース管理システムでは記録や保管、解析が難しいような巨大なデータ群を指す。データの量（Volume）、データの種類（Variety）、データの発生頻度・更新頻度（Velocity）の３つのＶからなる。

◆ AI（エー・アイ）

Artificial Intelligenceの略。人工知能。ディープラーニングを始めとした機械学習が発達し、コンピュータが学ぶことができるようになった。AI技術が翻訳、自動運転、医療など、人間の知的活動における活躍が期待されている。

◆ 第4次産業革命（データ産業革命）

IoT、ビッグデータ、AI、ロボティクスなどを中核とした技術革新。自律的な最適化により超スマートな社会の実現が期待されているが、アメリカ、ドイツと比較すると取り組みは遅れている。

◆ ハイブリッド型授業

オンライン授業とオフライン授業を同時に行う授業のこと。例えば、教室にいる子供とそれぞれの自宅にいる子供の両方に向けた授業。特に決まった定義があるわけではない。

◆ DX（ディー・エックス）

Disital Transformation（デジタル・トランスフォーメーション）の略。進化したICT技術が浸透することで、人々の生活をよりよいものへと変革させるという概念。教育現場でDXが進むと、教育の質や幅が大きく向上し、一人一人の能力に応じた専門技術を学ぶ機会が増えると予測されている。また、教員の負担を減らすことも期待されている。

◆ OMO（オー・エム・オー）

Online Merges with Offline（オンライン・マージズ・ウィズ・オフライン）の略。オンラインとオフラインが融合し、一体のものとして捉えた上で、これをオンラインにおける戦い方や競争原理として捉える考え方。アフターデジタル時代における成功企業が共通で持っている概念で、「オフラインが存在しない状態」を前提としてビジネスをどう展開していくか、という考え方。

◆ サブスクリプション

料金を支払うことで、製品やサービスを一定期間利用することができる形式のビジネスモデル。英語では「予約購読」や「定期購読」という意味。

＜引用・参考文献＞
『アフターデジタル』（藤井保文／日経BP社）
『アフターデジタル2UXと自由』（藤井保文／日経BP社）
『教室ツーウェイNEXT Vol.15』（学芸みらい社）
『文部科学省HP』他

（長野県公立小学校　竹内進悟）

5．ICTをめぐる―こんなときどうする？　QA
このアイデアで解決ヒント

①机に端末、教科書、ノート、鉛筆―どう並べればよいか

１人１台端末の登場で、机上のマネジメントが、より非常に意識されるようになりました。落下が故障の原因となるため、敏感にならざるを得ません。スペースを増やすために、机を拡張する道具も販売されています。

私の場合は、次のことを意識しています。

「全ての道具を同時に使うことはほぼない。不要なものはしまう」

学習活動は、おおよそ次の３つのパターンに分かれます。

①従来どおり：教科書＋ノート＋鉛筆
②端末で作業させる：教科書＋タブレット（＋鉛筆）
③検索させる：タブレット＋ノート＋鉛筆

タブレットで作業する場合、ノートの代わりになるので、ノートは必要ありません。タブレットで検索をする場合、メモするノートがあればいいわけですから、教科書は不要です。

このように、机上で使用するものを限定することで、机の上がグチャグチャになることを防ぐことができます。

②あの子の機器がトラブル―他の子への指示は

１人１台端末を使う上で、トラブルはつきものです。インターネットにつながらない、再起動してしまった、フリーズした、バッテリー切れなど様々なケースが考えられます。

タブレットを使う活動をする際には、こういった事態は想定しておくことが大前提になります。また、トラブルを解消するためにも、先生方のパソコンスキルが一定値必要になってきます。

上記のようなトラブルが起きた際には、私は次のようにしています。

「やるべき作業を指示してから、個別に対応する」

何かやらせたい活動があるからこそ、端末を動かしているはずです。したがって、そのことをまずはやれるように指示を進めていきます。

そのことと同時に、再起動をしたり、インターネットを接続したり、手元でトラブルに対しての対処をしていきます。

その際に、端末の調子が悪い子は、一旦近くの子の端末で一緒に作業するように伝えます。見てやり方を覚えておくことで、巻き返しを早くできるようにします。

多くの子が作業をスタートすれば、トラブルに向かい合う時間的な余裕が生まれます。生み出されたその時間で、トラブルの解決を図ります。一人で難しい場合は、職員室に応援を要請してもよいでしょう。

③端末の落下防止アイデア

机の上にどのように端末を置くかが大事です。

机の端に置けば、落下する可能性も高まります。教科書やノートが多く出ていれば、それだけ机が狭くなって、落ちやすくなります。

なので、①で紹介した、机上整理が大事になります。

自治体や学校によっては、落下時の衝撃を防ぐために、カバーやケースを使っている学校もあるようです。装着時にそのまま保管庫に入れることができるのか、など確認をして購入するのがよいでしょう。

同時に、使い方の指導も大切です。「自分が借りている」という自覚をもたせることで、大切に扱うようになります。端末に名札シールを貼っておいたり、5年間みんなが使うタブレットだよと伝えたりすることも自覚を高めます。

④端末は貸与？　それとも？

多くの自治体が「貸与」かと思います。したがって、卒業時、もしくはリース期限などで返却となります。

ニュースなどでも「保証」の話題も出ています。私の勤務地では、まずは1年間のメーカー保証があるとのことでした。

保護者も心配するところと思いますので、質問された際に答えられるよう、確認をしておくとよいでしょう。

⑤著作権—教室内ではOK、教室外ではNG事例

そもそも著作権は、誰のどんな創作物に対しても、自動的に付与される権利です。したがって、著作物を利用するためには、著作者の了承を得て、使用する必要があります。

ただし、教育目的利用の例外があります。以下です。

「学校その他の教育機関（営利を目的として設置されているものを除く。）において教育を担任する者及び授業を受ける者は、その授業の過程における使用に供することを目的とする場合には、必要と認められる限度において、公表された著作物を複製することができる。ただし、当該著作物の種類及び用途並びにその複製の部数及び態様に照らし著作権者の利益を不当に害することとなる場合は、この限りでない。

著作権法　第35条１項」

これにより、著作物の複製が認められるわけです。

なので、学校（授業）ではコピーをして配布することができる教材でも、学校外（授業外）では著作権法に触れてしまう、ということがあります。注意が必要です。

また、子供たちの作品にも、著作権があるということを忘れてはいけません。本人の許可なく公表する、名前を載せる、内容を変えることは、著作権法に抵触する恐れがあります。子供本人、必要に応じて保護者の許可もとるようにしましょう。

⑥端末、教室から持ち出しNGって本当？

教室の外で使用することをNGにしているという話は聞いたことがありませんが、危機管理としてそうしていることはあるのかもしれません。

例えば、植物の観察の際に、写真を撮るということもあるでしょう。図画工作科の中でも、作品と風景を一緒に写真撮影するものもあります。体育科で、動画

を撮影して、運動を振り返るという実践もあります。
教室外でも積極的に活用することで、新しい学習の形が見えてくるでしょう。
その際には、落とさないことはもちろん、砂埃や水分などへの注意を呼び掛けておくことが大切です。
また、最終的には、家庭での利用を視野に入れているわけですが、まずは校内での使用に限定しているという例はあるようです。
校内で使用しながら、操作に慣れた頃に家庭への持ち帰りをしてみるというような段階を踏まえているということでしょう。

⑦家に端末がない子への配慮点とは

学校に配備されている1台端末は、家庭への持ち帰りを想定しているので、家に端末がなくても、それについては問題ないと思います。
一方で、端末は持ち帰ったとしても、それを接続する通信環境のない家庭はあり得ます。
例えば、オンライン授業をする場合、相当な通信量がかかってきます。通信量が無制限のプランで契約しているかどうかで、家庭への負担も変わってしまいます。
私の勤務地では、貸し出し用の無線Wi-Fiが整備されました。運用のルールの検討は必要ですが、そのような配慮も視野に入れておく必要はあるのかもしれません。

⑧「ICT活用力って学力？」どう評価するのか

文部科学省は、情報活用能力を、「学習の基盤となる資質・能力」としています。
代表的なところで、「タイピング」や「情報モラル」が挙げられますが、それ自体を評価する場面をどう生み出すかは難しい問題です。
今後議論が必要かと思いますが、これからのキーワードとして、本書でも紹介している「CBT」は1つの鍵になりそうです。
全国学力調査が、CBT化されていくことで、この情報活用能力を評価する場面も生まれてくるでしょう。
そうなってくることで、現場でも学習と評価のサイクルが構築されていきそうです。

⑨ICTとプライバシー保護＆トラブル発生対応の基礎基本

著作権、肖像権、プライバシーなど、ICTを活用する中で、不安材料が数多くある気がするのは、私だけではないでしょう。
例えば、体育の着替えの時にふざけて写真を撮った。友達の写真を撮って、加工した。人の端末を使い、勝手にログインをした。等々、トラブルの原因になりそうなことが次々に思い浮かびます。
SNSによるネットいじめも増えている中、その渦中に子供たちを飛び込ませるわけです。不安もあるでしょう。しかしながら、こういった教育の場を通じて、インターネットとのよりよい付き合い方を学ぶ必要があるのです。
大切なことは「早期対応」と「情報モラル指導」です。
情報モラル指導で予防をしつつ、発生してしまったトラブルに対しては、早期に対応していくということになります。
<トラブル対応の基本的な流れ>
①有事となる前に、道徳科等で「情報モラル教育」を実施する。
②トラブルが判明した時点で「管理職に報告」をする。
③端末の利用を「一時停止」する。
④「原因を解明」する。
⑤原因に合わせた「情報モラル教育」を実施する。
いきなり全てを身に付けさせようとすると、子供たちへの負荷があまりに大きくなってしまいます。端末の操作方法も同じですが、必要なタイミング（子供の困り感）に合わせて教えていくのがよいでしょう。

（愛知県名古屋市公立小学校　堂前直人）

第4章

研修に必要な“とっておき情報”

年　　月　　日

UNIT 4 ―（1） 巻末資料　ICTの研修に役立つ動画資料

現場からの疑問に、大学教授がズバッと答える動画！

ここでは、動画視聴サイト「YouTube」の中で、現場でのICT活用について、日々新鮮かつ具体的な情報を発信している「TOSS公式チャンネル」を紹介します。

このチャンネルでは、若手教員の素朴な疑問に、玉川大学教職大学院教授であり、現TOSS（Teachers' Organization of Skill Sharing＝旧教育技術の法則化運動）代表の谷和樹氏を中心に答えていくという形になっています。

右の写真のように、ICTにかかわらず、たくさんの動画が公開されています。

その中でも、GIGA School関係のものは、悩んでいる若手の先生が多く、たくさんの動画が公開されています（2021年6月現在）。

このページ内にあるQRコードを読み取っていただけば、視聴できるようになっています（通信料はご負担いただきます）。

デジタルドリルで学びの個別最適化！?

①

②

③

④

⑤

いよいよ学校に1人1台のPCが配置されました。学びの個別最適化が必要とされていますが…？デジタルドリルをどう活用したらよいでしょうか。

プログラミングの　い・ろ・は

①

②

③

④

⑤

⑥

パソコンを使わないプログラミングってあるんですか？

小学校１年生でiPadの導入をどうする!?

①

②

③

勤務市ではiPadの導入が決まりました。小学校１年生に使い方を教えるとしたら、どのような授業開きをしますか。

SDGsとプログラミング教育

SDGsの学習からプログラミングの学習につなげていく授業です。

日本のICT教育は20年遅れている!?

①

②

③

GIGAスクール構想の前倒しにより、ICT機器の整備が急速に整い始めようとしている日本の学校。それでも海外と比べると、20年以上の遅れをとっている！？　一体、海外の教室はどのようになっているのでしょう。

1人1台タブレット時代　理科授業で大活躍のアプリ

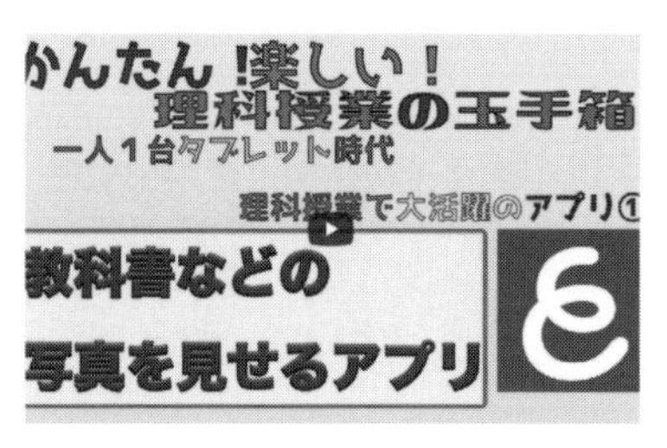

画像を取り入れて書き込みができ、説明するためには非常に使いやすいアプリです。そのままYouTube動画にもできるため、生徒たちが復習で見たり、反転授業で使えたりします。テスト解説や問題の解説に最適です。問題の解説動画を作っておき、自分のできなかった問題の解説動画を選んで見ることもでき、個別最適な学びにもつながるアプリです。

以上、抜粋にはなりますが、様々参考になりそうな動画をピックアップしてみました。

一つ一つの動画は、２分～３分程度のものばかりです。ほんの少しの時間でも視聴できますので、ぜひ研修の際に、ご覧になってください。

※紹介文については、それぞれの動画の説明欄から引用しています。

（愛知県名古屋市立公立小学校　堂前直人）

今、教師が知っておくべき話題の「ICT用語」②
教科書のデジタル化

GIGA School構想が進むにつれて、「デジタル教科書」が導入されている自治体も多くなってきたことでしょう。

デジタル教科書とは、「紙媒体の従来の教科書の内容を電子化し、タブレット等の端末で使用できるようにしたもの」といえます。

現時点では、内容は教科書とほとんど同じになっていますが、それでも紙媒体では行うことのできなかった作業がいくつも実現可能になっています。

例えば、①テキストを拡大する、②マーカー等で書き込みをしたり、消去したりする、③選択箇所を「音声出力」させる、④背景色の変更、⑤関連する動画へのリンク、等です。

また、一口にデジタル教科書といっても、「指導者用（教師用）」と「学習者用（子供用）」が存在します。

どちらにもライセンスといわれる「認可」が必要になります。

学習者用の場合は、子供の人数分のライセンスが必要になるため、予算が大きくなってしまいます。

デジタル教科書の予算は、学校予算の中から捻出しているというところもあり、「予算の問題」がデジタル教科書推進への１つの課題として出てきています。

とはいえ、今進んでいる１人１台端末の整備が終われば、次に必要になってくるのは、この「デジタル教科書」であるという専門家の意見もあり、「デジタル教科書の無償化」への議論も始まっています。

しかし、予算や法令等も関わってくるため、文部科学省では、次の小学校教科書改訂の行われる2024年を本格導入の１つの目安にしています。

そういったことからも、教科書の改訂という節目に、また現場が大きく変化することは間違いないでしょう。

１人１台端末整備は、GIGA School構想の始まりにすぎません。

変化し続ける教育界で、教師である私たちもまた、変化していかなければならないといえるでしょう。

参考：令和３年６月８日デジタル教科書の今後の在り方等に関する検討会議（第一次報告）

（愛知県名古屋市公立小学校　堂前直人）

年　　月　　日

UNIT 4 ―(2) もっと活用１人１台端末

保護者にも触ってもらおう

１人１台端末が導入され、子供たちは端末を使って学習を進めていくことになります。

しかし、その様子や具体的な姿を、保護者はイメージすることができません。

自分たちの子供時代には存在しなかったのだから当然です。

「子供たちがどのように使っているのか」「使うことでどのような授業になるのか」「どのようなよさがあるのか」を保護者にも知ってもらう必要があります。

そこで、保護者会の中でも、１人１台端末を使ってみてはどうでしょうか。

例えば、私なら、次のように使ってみます。

① 子供の作品や活動の足跡を見てもらう。
② 実際に、端末を活用した授業を受けてもらう。
③ 写真や動画など、自由に見てもらう時間をとる。

もう少し、具体的に見ていきましょう。

① 子供の作品や活動の足跡を見てもらう。

１人１台端末を使って行った活動の記録（ワークシートやメモ等）は、全てコンピュータやクラウド、サーバー上に保存することができます。

その一部を保護者にも見てもらってはどうでしょうか。

今まででいえば、「ノート」や「作品」を保護者に見てもらっているということになります。

どんな学習をしたのか、一目でわかります。

子供たちの様子を説明するときも、具体物があれば、よりイメージしやすくなります。

このように学習の足跡（スタディログ）が蓄積していくことが、ICT機器の強みの１つ、ということも理解してもらいやすくなります。

「スタディログ」を使うからこそ、学習を振り返り、自身の力や目標に合わせた学習（個別最適な学習）を進めることが可能になります。

AIドリルに取り組んでいる場合は、実際のスタディログを見てもらってもよいかもしれません。

今後、自宅で宿題や自主学習に取り組ませることを考えると、その機能を保護者が知っているということは、学校としても大きなメリットになります。

② 実際に、端末を活用した授業を受けてもらう。

子供たちが実際に取り組んだ授業です、と前置きして、保護者に体験してもらうのもいいでしょう。

例えば、次のようなものがあります。

A：1枚の写真を見て、わかったこと・気付いたこと・思ったことを、スプレッドシートなどに書き込んでもらう。
B：Googleフォームを使って、小テストを行う。
C：調べ学習の発表のスライドを作成する。
D：教師から届いた課題を解き、教師に提出する。　　　　など。

子供たちが取り組んだ授業を、そのまま保護者にも取り組んでもらうことで、先に述べた、子供の作品や活動の足跡がより伝わりやすくなります。

さらに、実際に授業を受けてもらうことで、学習のイメージはもちろん、これから必要となる力についても、感じ取ってもらうことができます。

とりわけ、「タイピング」の重要性は、実際に操作をしてもらうことで、より身近に感じてもらえるはずです。

これからの時代は、「読み書き計算、タイピング」といわれるほど、重要な技能になってきます。

③　クラスの写真や動画など、自由に見てもらう時間をとる。

事前に、共有のフォルダに、学級の様子を動画や写真で入れておくことで、保護者の方に、自由に閲覧してもらうことができます。

保護者の方の多くが、自分の子供を探しながら閲覧することでしょう。

当たり前ですが、それぞれに見たい写真も、長さも違うわけです。

今までは、「スライドショー」などを制作して流すというような工夫をしていましたが、１人１台端末があれば、このような活動も可能になります（ただし、卒業アルバムのように、登場回数に差が出ないように配慮が必要かもしれません）。

調べたいこと、知りたいことは、人によって違います。

「自分の求める情報を選んで、アクセスできるよさ」＝「学習の個性化」の意味を、保護者にも感じてもらうことができます。

ここまでに３つの例を挙げて、保護者会の中で、１人１台端末を活用することをおすすめしてきました。

様々なメディアで、現在の日本の教育の現状が取り上げられています。

隣のクラス、他の学年、のように学校内で比べられるだけでなく、隣の学校では…、他の市では…、他の県では…、と比較の対象も増えてきています。

今の教育の最先端であり、最重要の取り組みを、担任の先生や学校が一生懸命に取り組んでいる。

その姿を保護者に知ってもらうことも、家庭と連携していく上で大切なことになっていきます。

（愛知県名古屋市公立小学校　堂前直人）

もっと活用1人1台端末
オンライン保護者会

GIGA School構想によって、従来の学校行事にも変化が出てきそうです。
例えば、

保護者会をオンラインで行う

ということも、より現実的になってきます。
ZOOM MeetingsやTeamsなどのリモート会議のシステムを使うことになります。
保護者には、自宅のパソコンやタブレット、あるいはスマートフォンで参加をしてもらうことになります。
夏休みなど、子供が端末を持ち帰っている場合は、そちらを活用することになります。
これまでは、「機器を持っていない家庭がある」「インターネット環境のない家庭がある」、という「やれない理由」がありましたが、1人1台端末によって、それが解消されます。
事前の準備としては、保護者会の資料とともに会議室のURLやQRコードを配布することになります。
保護者としては、学校に出向くことなく、保護者会に参加できるわけです。
ありがたい、助かる、という意見も出てきそうなものです。
もちろん、実際に会って話したいという方もいるでしょう。その場合は、

リアルとオンラインのハイブリッド（混在型）

ということになります。
いずれにせよGIGA School構想によって、授業だけでなく、行事にも変化が訪れることは間違いありません。
心の準備はもちろん、技術的な面でも、備えておく必要がありそうです。

（愛知県名古屋市公立小学校　堂前直人）

年　月　日

UNIT 4 ―(3) 巻末資料

研修資料　解答例

p.13　UNIT 1　①GIGAスクール構想って何だ

（1）　Global（and）Innovation Gateway（forl）All

（2）　Society5.0（時代）　（子供たちの）多様化

（3）　①1人1台端末（と、）高速大容量　②ベストミックス

（4）　①先端技術（の利活用）　②教育ビッグデータ（の利活用）
　　　③学校ICT環境（の整備）

（5）　StuDX Style

p.15　UNIT 1　②1人1台端末を考えよう

（1）　一斉学習　個別学習　協働学習

（2）　解説参照

（3）　発表や話合い　協働での意見整理　協働制作　学校の壁を越えた学習

p.17　UNIT 1　③個別最適な学びって何だ

（1）　個別最適（な学び）

（2）　①指導（の個別化）　②学習（の個性化）

（3）　発達障害の可能性のある子　特定の分野に特異な才能を持つ子
　　　外国籍等、日本語指導が必要な子　等

p.19　UNIT 1　④協働的な学びって何だ

（1）　協働的（な学び）

（2）　①探究的（な学習）　②体験（活動）

（3）　子供同士　教師と子供　同一学年の他のクラス　異学年集団
　　　地域住民の方　他の学校の子供　等

p.21　UNIT 1　⑤情報活用能力育成のポイント

（1）　①情報活用（の実践力）　②（情報の）科学的（な理解）
　　　③（情報社会に参画する）態度

p.23 UNIT 1 ⑥プログラミング教育へのトライ

（1） 小学校：(順に) 文字入力　プログラミング的思考
中学校：情報セキュリティ
高等学校：情報I

（2） (順に) 動きの組合せ　記号　改善　論理的

（3） アンプラグド（・プログラミング）　ビジュアル（・プログラミング）
フィジカル（・プログラミング）

（4） 未来の学びコンソーシアム

p.25 UNIT 1 ①ネットいじめの予防－学校でやれること

（1） エ

（2） 解説参照

（3） 早期発見　対処法を教える　いじめる側を出さない　等

p.27 UNIT 1 ②SNSとの上手な付き合い方を考えよう

（1） YouTube Instagram Twitter Line Facebook TikTok 等

（2） ネットいじめ　ネット依存　情報漏洩　等

（3） 略

（4） 解説参照

p.29 UNIT 1 ③個人情報の適切な管理の基準は何か

(順に) 住所　鍵　ログイン

p.31 UNIT 1 ④身体への影響を考慮したルール作り

上表　1：○　2：○　3：○　4：○　5：○　6：○　7：○

下表　1：○　2：○　3：○　4：○　5：○

p.34 UNIT 2 ①「国語名人」の授業をICT化するとこうなる

（1） ①テーマ　②立場　③意見　④発表　⑤反論　⑥反論

（2） 略

p.36　UNIT 2　②国語を楽しく学べるアプリは“これ”

問１　漢字をノートに書く　作文を書く　教科書を音読する　意見を発表する　等

問２　①―書き順を動画で　②―言葉をつなぎながら　③―マーカーで表示

p.42　UNIT 2　①「算数名人」の授業をICT化するとこうなる

①動画　②答え

p.46　UNIT 2　①「理科名人」の授業をICT化するとこうなる

解説参照

p.48　UNIT 2　②理科を楽しく学べるアプリは“これ”

解説参照

p.54　UNIT 2　図工を楽しく学べるアプリは“これ”

解説参照

p.56　UNIT 2　家庭科を楽しく学べるアプリは“これ”

子供視点：作業手順を忘れる　準備するものがわからない　等

教師視点：作品が混ざってしまう　子供たちに次々に呼ばれる　等

p.58　UNIT 2　生活科を楽しく学べるアプリは“これ”

校庭で春を見つけて、写真を撮る　どんぐりを使って作ったおもちゃを写真に撮る　等

p.60　UNIT 2　外国語を楽しく学べるアプリは“これ”

スピーチをする　スピーチを聞く　自分のことに関する文を書く　友達と対話する　等

p.74　UNIT 3　モデル授業とQA入り研修会づくり　事例①

問１　②同時　③画像

問２　３（～）４

問３　②写真

問４　個別評定

コラム 6 COLUMN
もっと活用１人１台端末
タブレット活用したいのに…よくある失敗

１人１台端末を使い始めてみると、様々トラブルも発生します。

私が体験したり、聞いたりしたトラブルには次のようなものがあります。

① タブレットを落としてしまった。
② 画面を強くタップしたら、割れてしまった。
③ タブレットの充電ができていなかった。
④ 付属のタッチペンをなくしてしまった。
⑤ 端末を出し入れするのが大変。
⑥ 間違えてデータを消してしまった。
⑦ 持ち帰ったら、持ってくるのを忘れた。
⑧ 設定ミスで、教師限定のファイルに子供がアクセスしてしまった。
⑨ 友達のIDでログインしてしまう。

どうしても不慣れなうちは、子供も大人もトラブルに見舞われがちです。

慣れてくるうちに自然と解消することも多いですが、その場になると教師はつい焦ってしまいます。どんなトラブルが起こりそうか、事前に想定しておくことで、冷静に対応できます。

また、不安な際には、空き時間の先生などでＴＴを組んで指導すると、教師の目が増えて対応もしやすくなります。校内で支援し合う仕組みをつくることで、助け合いつつ、経験値を高めることができます。

そして、慣れてきたとしても、バッテリー切れは発生してしまいます。そういった事態への備えも必要です。

同時に、慣れてきた頃に発生するトラブルもあります。

情報モラル教育を計画的に行い、トラブルを未然に防止することが必要です。

機器の扱いについても、慣れたときほど、注意が必要です。

小さな乱れを見つけ、指導することで、大きなトラブルになる前に防いでいきましょう。

（愛知県名古屋市公立小学校　堂前直人）

あとがき

ICTの技術は日進月歩、いやそれ以上に速いスピードで進化をしている。

本書を書いている間にも、新しい技術が生まれ、新しいアイデアが生まれ、新しい授業方法が生まれている。

そのくらいに、歩むスピードの速い分野なのだ。

最近、話題になっている考え方に、「アジャイル思考」というものがある。

> アジャイル思考とは、トライ＆エラーを繰り返しながら修正し、物事を前進させていこうという考え方である。

元々、ソフトやアプリの開発で使われていた考え方である。スマートフォンアプリの「アップデート」をイメージしてもらうとわかりやすい。

バグや課題を見つけたら解決をし、アップデートをする。それを繰り返しながら、よりよいものを作っていく。そうやって、年月とともに、洗練させていく。もちろん、そこで獲得したノウハウは、他のアプリ開発にも生かされていく。

1人1台端末の活用についても、この考え方で進めていったらどうだろうか、と私は思う。

始まってまだ数年の取り組みである。洗練された何かがまだあるわけでもない。

まして、「教育」の場である。目の前にいる子供たちはクラスごと、学校ごとに違う。何か1つの方法だけで進めていこうというのも、いささか乱暴だ。

> アジャイル思考で、「自分にできそうなものから」、「自分のクラスの実態に合わせて」、「やりながら発展させていく」のがよいのではないだろうか。

そして、その取り組みを、一緒に前進していける仲間が必要だ。

もちろん、本書を執筆されたような、素晴らしいアイデアを持ち、それを発信している先生方が全国にいる。

そういった事例に学び、実践に取り入れていくことは、絶対的に必要だ。

知恵を集め、共有することで、よりよい実践が生まれていく。

加えて、私たちは、「学校」という連続性の中で、子供たちを教育している。

「あるクラス」、「ある先生」だけの取り組みではなく、「学校全体」としての取り組みとすることで、子供たちは飛躍的に力をつけていくことができる。

国語や算数が体系的に指導されているように、子供たちのタブレット活用能力もまた、体系的に、連続的に、指導していくことが求められる。

ICTの得意な先生だから、できることがある。ICTが苦手な先生だから、見つけられる子供たちへの配慮がある。

デジタル世代の若手の先生だから、思いつくアイデアがある。これまでの指導法の蓄積のあるベテランの先生だから、思いつくアイデアがある。

だからこそ、最も大切なことは、学校全体がアジャイル思考で取り組んでいくことである。

「どれがいいか」ではなく、「どれもいい」のである。

学校全体で、いろいろと試してみながら、子供たちに価値ある教育を創造していくのである。

その第一歩目となるように、本書が生まれた。

新しい時代の教育だからこそ、校内の仲間が必要である。ゆえに、「校内研修」なのである。

最後に、この企画をすすめてくださった樋口雅子編集長、全国から立候補してくださった執筆者のみなさん、そして、この出会いをくださったTOSS最高顧問向山洋一先生に、心より感謝申し上げます。

令和３年６月６日

郵便教育推進のオンラインセミナーを終えて

TOSS/Lumiere　堂前直人

執筆者一覧

川合賢典	愛知県公立小学校勤務
三浦宏和	東京都公立小学校勤務
田丸義明	神奈川県公立小学校勤務
堀田和秀	兵庫県公立小学校勤務
高見澤信介	長野県公立小学校勤務
加藤友祐	愛知県公立中学校勤務
岩井俊樹	愛知県公立小学校勤務
橋本　諒	静岡県公立小学校勤務
木田健太	愛知県公立小学校勤務
太田政男	島根県公立小学校勤務
赤塚邦彦	北海道公立小学校勤務
竹内進悟	長野県公立小学校勤務
豊田雅子	埼玉県公立中学校勤務
野村有紀	愛知県公立小学校勤務

編著者紹介

堂前直人（どうまえなおと）

1986年　愛知県生まれ
2009年3月　信州大学卒
現在　名古屋市浮野小学校勤務

TOSS/Lumiere代表　TOSS中央事務局　TOSS東海中央事務局代表

編著『算数難問1問選択システム・初級レベル1＝小1相当編』
『先生のタマゴ必携 教育実習パーフェクトガイドBOOK』
ともに学芸みらい社

みんなで考え議論する校内研修①
GIGAスクールの校内研修

2021年10月5日　初版発行

編著者　堂前直人
発行者　小島直人
発行所　株式会社 学芸みらい社
〒162-0833 東京都新宿区箪笥町31 箪笥町SKビル
電話番号 03-5277-1266
http://www.gakugeimirai.jp/
e-mail:info@gakugeimirai.jp
印刷所・製本所　藤原印刷株式会社
装丁デザイン　小沼孝至　　DTP組版　本郷印刷KK
企画　樋口雅子　　校正　大場優子

落丁・乱丁本は弊社宛てにお送りください。送料弊社負担でお取り替えいたします。

ISBN978-4-909783-84-4 C3037